Parfums à l'âme.
—

[Littérature contemporaine 2ème série]

Devenu :

Rés. p. Ye 1990

LITTÉRATURE CONTEMPORAINE
TROISIÈME SÉRIE

AIGLES ET COLOMBES

POÉSIES

PAR

CHARLES BLANCHAUD — MARILLIER — J. B. NOËL
L. LAMB — L. OPPEPIN — ABEILLE-CASTEX — P. RADOUSTACD FILS — A. BERTAUX
J. PETIT-SENN — EUTROPE LAMBERT — M. DESIOBBEZ — DENIS GINOUX
N. JOBERT — LÉON BERTHOUT — JOSEPH AUTRAN — ALFRED BEGHIN
JULES FIQUENEL — MAXIME PHILIPPE — CAMILLE DUTOUR — CONSTANT BERLIOZ
ANDREVETAN — E. LE BRETON — CH. POSTEL — ALPH. DAYREM
G. RIVET — L. AUBANEL — J. OURDAN — L. GODET — CAPITAINE ISSAURAT
MILAN-QUINET — E. DELIÉE — A. CHAVANCE
H. PISSOT — J. SAUZET — LALOY — V. COAT — A. LETUR
F. DES ROBERT — J. FERAUD — E. POTIER — A. DE LOBEL — P. GOUÉSIGOU
L. PICHEREAU — L. BROCHERIE — F. VERNOU — DE GROMNOF — Mmes MYRRA-ARNAUD
DU BERNET DE GARROS — CLAIRE CARRANCE
ETC., ETC., ETC.

PUBLIÉES PAR

ÉVARISTE CARRANCE

BORDEAUX
IMPRIMERIE DE A.-R. CHAYNES, RUE LEBERTHON, 7
—
1869

AIGLES ET COLOMBES

LITTÉRATURE CONTEMPORAINE

TROISIÈME SÉRIE

AIGLES ET COLOMBES

POÉSIES

PAR

CHARLES BLANCHAUD — MARILLIER HENRI — J.-B. ROZIER
L. LAMB — L. OPPEPIN — ABEILLE-CASTEX — P. CHADOUTAUD FILS — A. BERTAUX
J. PETIT-SENN — EUTROPE LAMBERT — M. DESFOSSEZ — DENIS GINOUX
N. JOBERT — LÉON BERTHOUT — JOSEPH AUTRAN — ALFRED BEGHIN
JULES FIQUENEL — MAXIME PHILIPPE — CAMILLE DUTOUR — CONSTANT BERLIOZ
ANDREVETAN — E. LE BRETON — CH. POSTEL — ALPH. DAYREM
G. RIVET — L. AUBANEL — J. OURDAN — L. GODET — CAPITAINE ISSAURAT
MILAN-QUINET — E. DELIÉE — A. CHAVANCE
H. PISSOT — J. SAUZET — LALOY — V. COAT — A. LETUR
F. DES ROBERT — J. FERAUD — E. POTIER — A. DE LOBEL — P. GOUÉSIGOU
L. PICHEREAU — L. BROCHERIE — F. VERNOU — DE GROMNOF — Mmes MYRRA-ARNAUD
DU BERNET DE GARROS — CLAIRE CARRANCE
ETC., ETC., ETC.

PUBLIÉES PAR

ÉVARISTE CARRANCE

BORDEAUX

IMPRIMERIE DE A.-R. CHAYNES, RUE LEBERTHON, 7

1869

A LA MÉMOIRE

du poète

ALPHONSE DE LAMARTINE

ADMIRATION SINCÈRE, PROFOND RESPECT,

SOUVENIR ÉTERNEL !

Le Président des Concours Poétiques de Bordeaux,

ÉVARISTE CARRANCE.

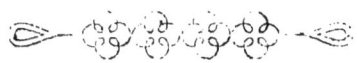

Aigles, à vous l'espace et les plus hautes cimes,
Planez ô mes vainqueurs sur notre humanité,
Soyez dignes et forts, courageux et sublimes,
Que votre cri d'appel soit pour la liberté.

Colombes, dites-nous les chastes harmonies
Que la nature adresse au divin Créateur,
Dites-nous les beautés des sphères infinies,
Que votre chant nous donne espérance et bonheur.

ÉVARISTE CARRANCE.

AIGLES ET COLOMBES

AUX POÈTES DU 3ᵐᵉ CONCOURS POÉTIQUE DE BORDEAUX

I

Vous cherchez le chemin qui conduit au bonheur,
Et vous penchez vers moi votre front tout rêveur ;
Votre esprit m'interroge et votre voix naïve
Me paraît aujourd'hui tremblante et plus craintive.
Vous n'avez pas vingt ans ; pour vous tout dit espoir,
Car vous êtes l'aurore, et moi je suis le soir ;
Vous êtes le printemps, vous êtes, ô poète,
Le timide amoureux de la nature en fête ;
Mille plaisirs nouveaux apparaissent jaloux
D'attirer un instant un seul regard de vous.
Vous avez les parfums des brises matinales,
Les adorables fleurs aux délicats pétales,
Les rêves qu'à vingt ans peut contenir le cœur,
Et vous me demandez le secret du bonheur !

Vous êtes le printemps, je suis l'hiver ; — le doute
En moi s'est lentement infiltré goutte à goutte ;
Ce que vous admirez ne me paraît plus beau,
Vous dites : avenir, et moi je dis : tombeau.
Vous commencez, et moi, je finis. — Le sourire
Est un affreux rictus pour l'esprit sans délire ;
Je vois tout froidement et je fuis les humains.
Et vous venez à moi, vous me tendez les mains,
Vous que le ciel bénit, vous que l'amour caresse,
Vous venez consulter mon austère vieillesse !...
Assez... ne raillez plus poète.
       Il fut un jour
Où je connus aussi les plaisirs de l'amour ;

Tout a fui. Le bonheur n'est point sur cette terre.
J'ai vécu, — j'ai souffert, — j'ai rêvé, — la misère
A blanchi mes cheveux et dompté mon esprit.
Ici-bas, mon enfant, on souffre, on pleure, on rit.
Nul n'est parfait. — Le monde est toujours un peu lâche.
On fait en murmurant une pénible tâche,
Puis on se trouve au bout avec des cheveux blancs.
Que voulez-vous de moi? — des conseils bienveillants?
Est-ce au vieillard brisé par la haine et l'envie,
A montrer le chemin le meilleur de la vie?
Écoutez donc, jeune homme, et retenez ma voix.

II

Comme vous, j'eus vingt ans; comme vous, autrefois,
J'eus un culte pour l'art et pour la poésie,
Et je bus à longs traits l'amour et l'ambroisie.
Puis je courus le monde; ainsi qu'un papillon,
J'allais de fleur en fleur, de sillon en sillon,
Abandonnant toujours un rêve à chaque branche!

Ainsi qu'un voyageur altéré, qui se penche
Sur le bord d'un torrent, et qui boit sans savoir
Que la soif du matin peut le tuer le soir,
Je m'enivrais de tout. Oh! la belle jeunesse
Avec l'ardent désir et l'immense tendresse,
Avec son air divin et son regard moqueur!

Bientôt je m'aperçus que je manquais de cœur.

Lorsque je mesurai, frémissant et livide,
D'un passé radieux l'impuissance et le vide,
Oh! lorsque je compris qu'à ce monde insensé,
J'avais pris tout le vice et que j'étais lassé:

Que je ne pouvais pas, lutteur sombre et farouche,
Flétrir les mots impurs dont se souillait ma bouche ;
Qu'après avoir battu mon cœur était bien mort,
Que je devais subir mon implacable sort,
Que j'avais lentement élevé l'édifice
Où devait s'accomplir mon douloureux supplice,
Je crus devenir fou.

      J'allais, tout chancelant,
Me dérober aux yeux d'un monde triomphant ;
J'allais cacher ma honte et dérober mes larmes.
Le silence et la nuit eurent pour moi des charmes ;
J'avais la solitude au milieu des grands bois.

Oh ! je restai longtemps insensible et sans voix ;
Puis un jour je voulus parler à la nature.

A quelques pas de moi, caché sous la ramure,
Un ruisseau qui glissait dans son lit de cailloux
Soupirait en passant on ne sait quoi de doux :
C'était une chanson à la note argentine.
O ruisseau, que fais-tu ?
        — J'arrose la colline !
Et vous, petite fleur ?
        — J'embaume le vallon !
Et vous, chêne orgueilleux ?
        — Quand souffle l'aquilon,
L'oiseau vient retrouver la paix sous mon feuillage.
Je sentis la rougeur envahir mon visage,
Et je rentrai pensif, hélas ! comprenant bien
Que moi, le réprouvé, je n'étais bon à rien !

III

Vous ne saurez jamais ma douleur, ô poète!
Vous êtes l'avenir; — vous êtes l'interprète
Des suaves chansons qui s'entendent le soir;
Vous êtes la jeunesse et vous êtes l'espoir!
Moi, je suis le passé; je suis le vieillard blême
Courbant son front ridé sous le juste anathème;
Et subissant encor le fatal châtiment.
Vous voulez un conseil... écoutez mon enfant.

Sur le sommet désert d'une vaste montagne,
Un jour que le soleil dorait la campagne,
Et teignait les vallons de l'éclat de ses feux,
Je reconnus un aigle, au vol majestueux.
Ce roi des airs fendait l'espace avec ivresse;
Il ne connaissait point la crainte ou la faiblesse;
Son vol était magique et plein de majesté;
Son nom disait : courage! et son cri : liberté!

Au pied de la montagne est le vallon tranquille
Où l'on vit éloigné des vains bruits de la ville,
Tandis que dans l'azur étincelant des cieux
Disparaissait soudain l'aigle au vol radieux;
Sur un fragile ormeau du rustique village,
Une blanche colombe, au délicat corsage,
Murmurait doucement une chanson d'amour.

C'était un chant joyeux et plaintif tour à tour;
Si l'aigle a la fierté, la colombe a la grâce;
A l'un, les horizons infinis et l'espace....
A l'autre, les douceurs que l'on retrouve au nid.
La colombe a la mousse et l'aigle a le granit.

A l'un, les cieux profonds, à l'autre la colline,
A tous deux, les bienfaits de la grandeur divine.

Oh ! murmurai-je alors, si de lâches loisirs
N'avaient de mon esprit chassé tous les désirs ;
Si le maudit pouvait oublier sa torture....
Il est une loi sainte à toute créature,
Cette loi dit : travail, espérance et bonheur.

Le poëte est venu lutter contre l'erreur.
Oui, si j'avais votre âge, et si j'avais dans l'âme
L'espoir, ce doux rayon, et l'amour, cette flamme,
Je voudrais, m'élançant vers le sombre avenir,
Être aigle pour lutter, colombe pour bénir.
Être l'oiseau géant, planer sur les misères,
Dominer les humains aux mesquines colères :
Combattre pour le droit et pour l'égalité,
Être grand sans orgueil et fort sans vanité ;
Écraser d'un regard effrayant le superbe,
Et savoir respecter le faible et le brin d'herbe ;
Pouvoir, d'un vol ardent, se rapprocher des cieux ;
Punir tous les tyrans et tous les envieux :
C'est être noble et grand, c'est verser sur le monde
Le bien qui doit régner ! la vérité profonde.

La colombe a l'amour, la grâce et la douceur ;
Nul pilori sanglant ne se dresse en son cœur.
Elle a les vrais parfums, les chansons et la plaine ;
Elle ne connaît point l'amertume ou la haine ;
Nul combat ne s'apprête en son nid calme et pur,
Où Dieu verse la paix et le ciel son azur.

14

Poëtes, qui voulez sur notre ingrate terre
Consoler le malheur, amoindrir la misère,
O vous tous qui pleurez sur notre humanité,
Amants de l'idéal et de la liberté,
Chastes cœurs, doux esprits, âmes nobles et pures,
Bardes, qui recueillez les plus faibles murmures,
Deux chemins devant vous indiquent le devoir !
L'un dit : fraternité. L'autre vous dit : espoir ;
Et de ces deux chemins où le penseur succombe,
L'un appartient à l'Aigle, et l'autre à la Colombe.

ÉVARISTE CARRANCE.

Fevrier 1869.

AUX POËTES DE LA GIRONDE

A vous ces vers éclos dans nos bois, dans nos plaines,
Quand je vous relisais au bord de nos fontaines
    Qui s'entourent d'un vert gazon :
O ! poètes à vous, dont les nobles pensées
Par le temps oublieux ne sont point effacées,
Comme un nuage au vent chassé de l'horizon.
J'aurais voulu, semblable à nos échos fidèles,
Redire quelques-uns de vos divins concerts ;
J'aurais voulu pouvoir, captif, brisant mes fers,
Aux champs de l'idéal, à votre essor ouverts,
    Suivre la flamme de vos ailes.
Mais le ruisseau ne peut rugir comme un torrent ;
Le timide églantier n'a pas l'éclat des roses,
L'abeille qui bourdonne au sein des fleurs écloses
Ne peut suivre en son vol l'aigle fort et vaillant.

CHARLES BLANCHAUD.

5 mai 1869.

15

LE SOIR A LA CAMPAGNE

A M. B...

L'astre-roi se couchait, calme à l'abri du vent.

V. HUGO.

I

Le soleil, lentement, descend, baisse et se plonge
Derrière la colline et sa dent de feu ronge
Un nuage de pourpre et le teint tout en or ;
Puis comme si quelqu'un, d'en haut disait : c'est l'heure,
Le vent dans les grands pins éteint sa voix qui pleure,
    Semblable au bruit lointain du cor.

II

La perdrix appelant d'une voix éplorée
Recherche la couvée, en tous sens égarée,
Et la guide, inquiète à tout ce qu'elle voit ;
L'hirondelle arrêtant son vol infatigable
Vient reposer au nid fait d'argile et de sable,
    Qui s'abrite à l'angle du toit.

III

L'essaim noir des corbeaux par delà monts et plaines
Regagne les grands bois et cherche les grands chênes ;
L'alouette s'abat dans le creux du sillon ;
Bien haut dans l'air, s'en vont en chapelet les grues ;
Les bœufs, lents sous le joug, détachés des charrues
    Rentrent pressés par l'aiguillon.

IV

Conducteur des troupeaux le chien de ferme aboie ;
L'orfraie, aux yeux de chat, s'élançant avec joie

Du fond de l'arbre creux, jette un sinistre appel ;
On entend, répété par l'écho des montagnes,
L'angelus qui trois fois le jour dans les campagnes
  Proclame un mystère éternel.

V

Sur le bord de la mare où s'en va tout le jour
Barboter, caqueter et plonger tour à tour
Le canard sérieux aux plumes d'or lustrées,
Humides et brillants, frappent à coups pressés,
Par un chant qui s'éteint les battoirs cadencés
  Des lavandières attardées.

VI

Bientôt décroît tout bruit ; parfois au loin encore
On entend retentir sur la route sonore
Le galop d'un cheval, aux cailloux arrondis,
Arrachant sous le fer de larges étincelles ;
Les moulins, arrêtés, ont reployé leurs ailes
  Comme des oiseaux endormis.

VII

Tout se tait et s'endort ; la haute cheminée
S'efface sur le toit, et sa blanche fumée,
En nuageux flocons ne monte plus en l'air ;
Là-bas la forge noire éteint sa flamme ardente,
On n'entend plus enfin, sur l'enclume éclatante
  Sonner le lourd marteau de fer.

VIII

Alors viens avec moi, toi, dont l'âme épuisée
Fuit la ville boueuse où jamais la rosée

Ne rafraîchit la fleur, morne sous le ciel noir ;
Viens retrouver la paix dans nos vertes vallées
Et les illusions du jeune âge envolées ;
   Viens rien n'est beau comme un beau soir.

IX

Ici l'air remplira ta poitrine oppressée,
O ! rêveur, qui le front creusé par la pensée,
Sembles toujours chercher pourquoi là-haut mit Dieu,
Ainsi qu'un diamant fixé sur un long voile,
Cette perle du ciel, qu'on appelle une étoile
   Toute rouge dans le ciel bleu.

X

Viens, nous aspirerons l'odeur des herbes fraîches
Et nous verrons briller parmi les feuilles sèches
La triste luciole, éclatante la nuit,
Que la fille rieuse attache à sa coiffure ;
Nous verrons se glisser le ruisseau qui murmure,
   Sur le sable d'or qui reluit.

XI

Nous verrons les follets danser leur sarabande,
Se poursuivre, s'éteindre et sur l'humide lande
Tracer en se jouant un cercle lumineux ;
Nous verrons des prés verts monter des vapeurs blanches,
Et les oiseaux dormir, balancés sur les branches
   De l'orme au tronc rude et noueux.

XII

Mais la nuit sur nos fronts étend, étend son ombre ;
On ne distingue plus, que comme un voile sombre,

Les coteaux élevés qui ferment l'horizon ;
Vois du haut peuplier, vois la flèche hardie
Se perdre dans le vague et la plaine arrondie,
  S'étrécir comme une prison.

XIII

Déjà, nos pas heurtés, du sentier qui s'efface
Sous les genêts penchés, parfois perdent la trace :
Puis un étrange effroi gagne et serre le cœur ;
D'incertaines lueurs font battre la paupière
Et l'on se prend souvent à regarder derrière,
  Comme à l'approche d'un malheur.

XIV

L'œil a soif des rayons de la lumière éteinte
Et s'élevant au ciel, dans une douce teinte,
Retrouve des reflets purs et multipliés :
Ainsi l'âme qui cherche à percer son mystère,
Doit regarder en haut, là-haut tout est lumière
  Et tout ombre à nos pieds.

XV

Cesse de demander son secret à la terre
Qui jamais d'un rayon sans ombre ne s'éclaire,
Cesse de t'attacher à l'énigme des cieux :
Quand sur nous descendra cette nuit triste et pâle,
Que n'éveillera pas l'aurore au teint d'opale,
La divine clarté nous ouvrira les yeux.

CHARLES BLANCHAUD.

Haute-Vienne.

LE MONT CENIS

A JULIEN LUGOL

> Parlez, parlez bien haut, penseurs, rêveurs, poètes,
> L'éclat de votre voix couvrira les tempêtes
> Qui s'élèvent de toutes parts!...
> La Guerre, Julien Lugol.

Lève-toi mont Cenis! dans la mer azurée
Qui vient baigner ton front de sa vague éthérée
  Aux feux éblouissants ;
Ne cherche plus l'Etna dont la voix formidable
Gémissait autrefois sous le choc effroyable
  De cents marteaux puissants.

Ne cherche plus l'Atlas aux robustes épaules.
Les monts Bleus, le Spizberg égarés dans les pôles.
  L'Oural, le Balkan roux.
Le Vésuve au sein noir, à la cîme affaissée,
Qui chasse de ses flancs la lave au loin lancée
  Par son crâne en courroux.

Les monts Hymalaïa, colosses que la terre
Éleva pour sonder les replis du mystère
  Qui nous voile les cieux ;
Pour porter le palais, d'où, siégeant, la nature
Répand sur l'univers, sur toute créature,
  Ses germes précieux.

Laisses là le Soracte aux superbes portiques.
L'Oéta, le Liban dont les cèdres antiques
  Bravent la faulx du temps.
L'Hécla dont la carcasse à demi consumée
Vomit des tourbillons de cendre, de fumée,
  Qu'emportent les Autans.

Et l'Ida, qui montait aux célestes demeures,
A l'Olympe invisible où sommeillaient les heures,
  Où régnait Jupiter ;
Où la nuit déposant sa robe ténébreuse,
Délaissant ses coursiers, fuyait émue, honteuse,
  Se perdait dans l'éther.

Ne cherche plus ces monts à la cîme élancée
Qu'emporta dans ses bras, cette troupe insensée,
  Qu'Encelade amassa ;
Quand pour escalader les régions divines,
Les Titans entassaient les monts sur les collines,
  Pélion, sur Ossa.

Et l'Hélicon sacré, le Pinde au doux murmure
Dont Apollon faisait frissonner la ramure
  En récitant des vers.
Le Parnasse, où la muse de la poésie
Alluma vos flambeaux, ô phalange choisie,
  Chantres de l'univers.

Et les monts tes voisins, dont les rochers perfides,
Dérobent au regard du touriste, des guides,
  Le glacier, le torrent ;
L'abîme, où le ruisseau, que sa chute colore,
Tombe, jaillit, retombe, et rejaillit encore,
  Puis retombe en pleurant.

Saint Bernard, son asile et ses moines austères,
Qui bravent tout danger pour secourir leurs frères

Quand viennent les frimas ;
Quand tout chemin perdu sous un manteau de glace
Laisse le voyageur s'éloigner de sa trace,
    L'abandonne au trépas.

Le mont Blanc, qui sourit quand le printemps l'allége,
Détache de son front des blocs entiers de neige
    Pour les jeter au vent ;
Pendant qu'avec son toit, le berger misérable,
Roule dans l'avalanche, ainsi qu'un banc de sable,
    Roule au désert mouvant.

II

Regardes sur le sol qui borne tes vallées,
Vois-tu briller le fer de deux vapeurs liguées
    Qu'un même but unit ;
Qui par leurs dents d'acier, par leurs mille tenailles,
Vont mordre, déchirer, arracher tes entrailles,
    Dans tes flancs de granit.

Qui fouillent dans ton sein, comme l'active abeille,
Fouille au sein de la fleur, dont la robe vermeille,
    Recèle un suc si doux.
Font tomber sur le sol, la roche séculaire,
Comme l'orage, aussi, fait tomber sur la terre
    La grêle en son courroux.

Ce sont les précurseurs de la nombreuse armée
Qu'aux deux extrémités de ta base entamée

22

Tu vois se réunir.
Artisans, dont les bras, pour la locomotive,
Ouvre à travers ton corps, la route encor captive,
    Où l'acier doit gémir.

Où prenant dans son char, tes fruits, agriculture,
Vos chefs-d'œuvre, beaux-arts, tes produits ô nature,
    Ceux de l'esprit humain;
La vapeur passera remorquant l'industrie,
Précédant la science, et de la barbarie,
    Détruira le levain !

La route qui, brisant les dernières barrières,
Doit un jour supprimer d'inutiles frontières
    Français, Italiens !
Car Dieu ne fit qu'un homme, un peuple pour le monde,
Nous sommes tous ses fils, la même main féconde
    Pays nouveaux, anciens !

La même main nous guide ici-bas sur la terre.
De quel droit, l'un de nous, irait dire à son frère
    Bornes ton horizon ?
De quel droit irions-nous, couvert du mot patrie,
Provoquer le voisin, puis dans notre furie
    Lui brûler sa maison ?

De quel droit irions-nous semer partout les larmes,
Couvrir les champs, des morts qu'auraient fauchés nos armes,
    Répandre la terreur ;
Sous les pieds des chevaux détruire en deux journées
Le produit des labeurs d'une, ou plusieurs années
    Du pauvre laboureur ?

Non! ce ne fut jamais qu'un vil manteau de gloire!
Qu'un acte que flétrit la muse de l'histoire,
   La réprobation!
Qu'un forfait, que le ciel, en sa juste colère,
Punit en foudroyant l'orgueilleux téméraire,
   Sa folle ambition!

Le crime le plus grand qu'engendra la démence,
Qui précède de peu, l'heure, où la décadence
   Éteint tout sentiment;
L'heure, où la nation, niant sa conscience
Foule aux pieds la vertu! L'heure où toute science
   Meurt dans l'isolement.

III

Qu'importe donc le bruit qui trouble encor la cendre,
Le repos des héros que l'on nomme Alexandre,
   Annibal ou César;
Superbes conquérants, dont l'étoile guerrière,
Reçut pour la guider, le temps de leur carrière,
   Un maître : le hasard.

Qu'importe les talents de leur vaste génie.
Ont-ils tous attendu l'heure de l'agonie
   Sans déchoir de leur rang?
Sans voir crouler un jour leur puissance suprême,
Sans glisser tout d'un coup, eux, et leur diadème,
   Dans un fleuve de sang!

A-t-on pesé les maux que leur force brisée
Lègue à la nation, haletante, épuisée,

A merci du vainqueur?
A-t-on pensé souvent aux tristes représailles,
Aux désastres, suivant la perte des batailles,
Au joug de l'oppresseur !

A-t-on dans la balance, où plaçant la victoire,
— D'un côté, — l'on inscrit ce mot pompeux : la gloire !
On glisse des drapeaux ;
Dans l'autre a-t-on bien mis les angoisses des mères,
Des épouses, des sœurs, dont fils, maris ou frères
Pourrissent sans tombeaux !

IV

Non ! pour ce jeu cruel, qui sème la vengeance,
Jéhovah ne créa point notre intelligence,
Notre âme, notre corps !
C'est au seuil de la nuit des ténèbres, du vice,
Que la guerre naquit. L'orgueil et l'avarice
La nourirent de morts !

V

A l'œuvre donc penseurs, à l'œuvre toi poète !
Savants, vous, les premiers, marchez à notre tête,
Marchez ! votre flambeau
Comme un phare, avertit dans la tempête humaine
Tout esprit que le doute égare en son domaine
Pour lui voiler le beau.

A l'œuvre ! sans pitié frappez sur l'ignorance,
Flagellez l'égoïsme, étreignez la démence.

25

Que le vice abattu,
Tombe comme une masse aux pieds de la mémoire ;
Qu'il gise sous le trône, où dans toute sa gloire,
Siégera la vertu !

A l'œuvre ! trève enfin aux tristes parodies,
Aux réthreurs ampoulés, aux vaines comédies
Dont s'amusent les sots.
Trève à vous tous jongleurs ! gens à face équivoque.
Il faut à la jeunesse, à tout homme, à l'époque,
Des actes, non des mots !

Il faut du vrai, du bien, remonter à la souche.
Que la parole enfin arrive sur la bouche
En passant par le cœur !
Assez d'imbroglios ! Souvenez-vous que l'âme
Doit retremper le feu qui lui donne sa flamme
Au sein du Créateur.

Souvenez-vous ô fats, ô fourbes, que l'injure,
Le mensonge, la haine ou l'infâme parjure
Tombent de vétusté ;
Qu'avant peu, malgré vous, malgré votre colère,
Vous serez éblouis par les flots de lumière
Du soleil vérité !

VI

Cachez votre dépit dans l'ombre et le silence.
Laissez-nous entonner l'hymne de délivrance !

Chantez les grands travaux !
Te bénir Jéhovah, puis à l'œuvre, sans cesse
Lutter. Lutter toujours ! jusqu'à notre vieillesse,
Jusqu'au seuil des tombeaux !

Marillier Henri.

Seine-et-Oise, 3 mai 1869.

LA SŒUR HOSPITALIÈRE

A Mme SŒUR Ste CLOTILDE, A L'HOSPICE MILITAIRE DE VINCENNES

MÉDITATION

Il est minuit ! C'est l'heure où la prière est sainte, où la brise du printemps est plus parfumée, où l'inspiration s'éveille aux murmures des ruisseaux, à la clarté mélancolique de la lune, au bruissement du zéphyr dans le bocage, et aux mélodies du rossignol ; c'est l'heure où la pensée s'épure, où l'âme s'inonde de religion et de poésie, et au milieu des sublimes harmonies de l'univers, s'élève enthousiaste et rêveuse à l'adoration d'un Dieu.

Oh oui ! c'est quand les bruits du monde se taisent que les bruits mystérieux de la nature ont une voix éloquente, un langage expressif et solennel : malheur à l'homme qui ne les comprend pas ; il n'est fait que pour rouler dans l'orgie de la matière, il n'a jamais savouré l'essence de la volupté.

Pour moi que j'aime cette heure de minuit, quand le printemps surtout a déployé ses charmes ! Cet astre qui promène son disque argenté dans les déserts de l'infini, ces ruisseaux qui gazouillent, ces bois qui frissonnent, ces molles ondulations qui semblent bercer la cîme des grands arbres, ces roulades mélodieuses du rossignol, qui réveillent les échos du bocage, tout porte dans mon âme je ne sais quoi de saisissant qui l'enivre, je ne sais quoi de vague et de doux qui la fait délicieusement rêver.

Oui, j'aime à veiller quand tout dort autour de moi. Alors ma pensée solitaire s'élève et s'humilie devant la grandeur de Dieu : dans le silence des voix humaines, sa voix divine parle mieux à mon cœur et à mon esprit. Dégagé des entraves de la matière, je sens mieux ma céleste origine, mes passions se purifient, mes idées s'agrandissent, j'entrevois la vérité à travers les magnifiques tableaux de la création, à travers le silence éloquent de la nature ; et, affranchie des malignes influences de la vie sociale, la vertu m'apparaît alors dans son éclat pur et radieux.

La vertu ! qu'elle est belle aux yeux de l'homme qui sait la comprendre ; qu'elle est douce surtout pour qui peut la pratiquer !

Mais que vois-je ! la flèche gothique d'une église adossée à un monument public projette à mes pieds son ombre gigantesque. C'est un hospice qui frappe mes regards. Un hospice ! quel sujet de recueillement et de méditation ! La lune, en glissant sous ses sombres arceaux, dessine dans l'ombre des figures fantastiques semblables à des fantômes, et y répand une clarté funèbre qui trouble l'âme d'un religieux effroi. Le vent des nuits, en soufflant sur les arbrisseaux, semble exhaler des soupirs plaintifs comme le cri du hibou et le râle du mourant. Tout dans ces pieux asiles prend une teinte sombre, mélancolique et solennelle : c'est là que la douleur et la mort ont fixé plus particulièrement leur séjour. Ah ! du moins la douleur n'y est pas sans adoucissement, la mort sans espérance. Là, il y a des cœurs pour plaindre le malheureux, des mains pour le soigner, des voix pour attirer sur lui miséricorde. Dieu est juste, il a placé la pitié à côté de la souffrance comme la satiété à côté du plaisir.

« Douce fille des cloîtres, ange gardien de ces demeures hospi-
» talières, sois à jamais bénie ! Puisse une voix plus éloquente que

» la mienne payer à ton incomparable dévouement le tribut des
» hommages qui lui sont dus.

» C'en est donc fait, tu as pour toujours renoncé à ton corps et
» à tes sens ; la vie mondaine avec ses illusions et ses prestiges,
» tu l'as héroïquement immolée à la vertu : tu as fait un pas, et
» ce pas t'a pour jamais séparée du monde ; tu as franchi un seuil,
» et ce seuil est devenu pour toi comme le vestibule de l'éternité !
» Ainsi, morte à la terre, morte à la famille, te voilà fille du ciel,
» épouse future du Rédempteur des hommes. Tu ne dois plus sor-
» tir de ces lieux témoins de ton généreux sacrifice ; là est ton
» asile, là sera ton tombeau.

» Vierge céleste, combien est sublime ton abnégation ! tandis
» que les compagnes de ton enfance boivent à longs traits à la
» coupe des voluptés, tandis que pour la plupart d'entre elles se
» déploient toutes les splendeurs de l'opulence, tandis que, syrè-
» nes enchanteresses, sylphides voluptueuses, elles aspirent et
» exhalent tous les parfums de la vie, toi ensevelie vivante dans
» un espèce de tombeau, entourée de toutes les misères humai-
» nes, tu passes tes jours, tous tes jours, dans le travail, les pri-
» vations et la prière. Ta vie est un long et continuel service
» rendu au monde qui t'oublie ou te dédaigne. Ces membres dé-
» licats destinés à dormir sur le duvet moelleux, sous les rideaux
» parfumés de l'amour et de l'hyménée, ils n'ont pour se reposer
» qu'une couche dure et solitaire ; cette main douce et blanche
» qui ne semblait faite que pour manier la soie, elle panse des
» plaies et horribles et dégoûtantes. C'est en vain que le prin-
» temps exhale au dehors ses émanations embaumées, et fait
» resplendir la nature de ses ravissantes merveilles, tu n'as à
» respirer que des miasmes délétères, à contempler que des ta-
» bleaux sinistres. Pour toi point de brillants concerts, d'eni-
» vrantes mélodies ; ton oreille ne retentit que des cris de la
» douleur et des lamentations du désespoir. Pour toi point de

» toutes ces agréables distractions, de tous ces spectacles variés
» qui remuent, qui dramatisent l'existence, et la bercent dans un
» enchantement continuel : toujours ta vie d'abnégation et de
» dévouement, toujours des malades à soigner, des mourants à
» consoler et à bénir.

» Oh! dis-moi, fille angélique, où as-tu puisé ton courage et ta
» force? dis-moi, frêle et délicate créature, pourquoi n'es-tu pas
» brisée par la fatigue, hébétée par le spectacle permanent de la
» souffrance? Au milieu des victimes de la douleur et de la mort,
» tu restes debout, active et vigilante comme l'ange consolateur
» au milieu des ruines. Au sein de toutes les tortures, de toutes
» les angoisses, tu restes toujours calme et impassible, mais cette
» sorte d'impassibilité est un bienfait providentiel; si tu parais
» moins sensible aux souffrances d'autrui, c'est pour mieux les
» soulager. Des pleurs s'échappent rarement de tes yeux, mais
» que tu sais bien essuyer ceux de tes frères! Avec quelle admi-
» rable dextérité ta main distille le baume sur les plaies du
» corps, avec quelle touchante éloquence ta voix répand l'espé-
» rance et le calme dans un cœur affligé et flétri!

» Quelle incomparable vie est la tienne! Tu sembles te multi-
» plier pour être plus utile; on dirait que le repos n'est pas fait
» pour toi. Pendant le jour tu panses le blessé, tu soignes le ma-
» lade, tu assistes le mourant, pendant la nuit tu pries pour eux.

» Ainsi tu n'as renoncé aux joies du monde, que pour te con-
» sacrer toute entière à ses douleurs; tu n'as quitté ta famille
» que pour te faire une famille de tous les infortunés. Ainsi le
» soldat, le matelot, la veuve, l'orphelin, le vieillard, l'infirme,
» tout le monde qui souffre, qu'on abandonne, tout ce monde là
» vient se confier à ta garde hospitalière, et sous l'abri de ta cha-
» rité inépuisable, chaque malheureux croit retrouver sa patrie,
» une fille, une sœur ou une mère. »

» Et à te voir si pleine de quiétude parmi cette foule gémis-

» sante qui est venue se grouper autour de toi, comme auprès
» d'une providence humaine; à te voir si fraîche de santé au mi-
» lieu d'une atmosphère contagieuse, on dirait que tu participes
» déjà de la nature des anges, que quelque chose de mystérieux,
» de céleste, te sert comme de bouclier contre les malignes
» influences qui t'environnent.

» Oh oui! sans doute une force inconnue t'es venue visiter
» d'en haut : satisfait de ton sacrifice, Dieu t'a donné la vertu de
» l'accomplir. Ton cœur qui s'est fermé pour jamais aux enivre-
» ments de la jeunesse, aux transports de l'amour, aux joies de
» la maternité, ton cœur est bercé sans doute par d'autres joies
» plus saintes, par des espérances moins décevantes. Réjouis-toi
» donc, noble fille, si tu ne dois pas goûter les délices de la vie,
» tu n'auras pas non plus à en subir les amertumes; si ton âme
» reste vierge des émotions d'un amour mondain, elle ne sera
» pas sillonnée non plus par ses orages, torturée par ses mé-
» comptes et ses cruels retours. Là, dans ces murs paisibles où
» tu t'es consacrée à Dieu, tu as trouvé un port assuré, une
» existence pure et tranquille. Libre au sein de ton esclavage
» volontaire, parce que la foi t'a rendue maîtresse de tes pas-
» sions, heureuse de ton dévouement, parce que ce dévouement
» est pour toi un gage de salut; entourée des bénédictions des
» infortunés dont tu t'es constituée la providence sur la terre, tu
» n'as plus qu'à poursuivre en paix ta sublime carrière d'épreu-
» ves, qu'à grossir ton trésor pour l'éternité.

» Oh! qui dira les mystères ineffables qui se passent dans le
» sanctuaire le plus reculé de ton âme; qui dira les séraphiques
» émotions, les célestes extases qui bercent ton cœur de vierge dans
» le silence de ta cellule solitaire, à la lueur mélancolique de la
» lune, alors que la douleur est assoupie, alors que tu communi-
» ques avec ton invisible époux par l'organe de la prière! Peut-
» être t'arrive-t-il dans tes songes d'entrevoir le ciel et ses splen-

» deurs, tu te crois déjà transportée dans la cité éternelle, tu te
» mêles aux chœurs des bienheureux, tu chantes avec eux les
» louanges du Très Haut, ton oreille résonne délicieusement aux
» accents des harpes d'or, et au milieu de ces divines mélodies,
» tu t'enivres de pures délices, tu nages dans des torrents de féli-
» cité, tu es devenue toi-même un ange, tu as trouvé ta patrie!

» O douce fille d'innocence, noble martyre de tes sens, que ton
» âme s'ouvre à la confiance et s'exalte d'allégresse! La foi n'est
» pas une déception, car Dieu est juste. Ces songes qui enchan-
» tent ta couche solitaire, ces révélations mystérieuses qui te
» viennent d'en haut à travers les brises parfumées de la nuit,
» ces extases qui t'enlèvent au ciel, ce sont, crois-le bien, les pré-
» mices de ta félicité.

» En attendant l'heure d'en jouir avec plénitude, garde donc
» bien ta foi et ton espérance; continue de sourire à l'infortune,
» de consoler la tristesse, de calmer la douleur, d'adoucir au
» mourant, par ta voix angélique, les horreurs du trépas; et
» quand tu auras toi-même franchi l'abîme du tombeau, tes
» épreuves seront terminées et tes songes réalisés, ta béatitude
» commencera pour ne plus jamais finir. »

J.-B. ROZIER.

Seine, 13 avril 1869.

A UNE FEUILLE DE ROSE

TROUVÉE LE MATIN DANS UNE TOILE D'ARAIGNÉE
SOUS MA CROISÉE

Cave ne cadas.
Sentence.

D'où viens-tu feuille blanche et rose ?
Au filet que tissa, sans bruit,
Sous ma fenêtre à demi-close,
Une araignée au front morose,
Qui te suspendit cette nuit ?

Aurais-tu, crédule et peu sage,
Abandonné ta chaste fleur,
Te laissant prendre au doux langage
D'un zéphyr perfide et volage
Qui te promettait le bonheur ?

Hélas ! la feuille la plus belle
Rêvant un magnifique sort
Parfois s'envole ainsi sur l'aile
De ce gracieux infidèle
Dont le baiser donne la mort.

Puis bientôt de honte imprégnée
Après un jour sans lendemain,
Elle va flétrir dédaignée
Dans les filets d'une araignée
Ou dans la fange du chemin.

L. LAMB.

Var.

LES MESSAGERS DU SEIGNEUR

Parfois aux jours d'été, quand le ciel sur la plaine
Épand en gerbes d'or ses splendides rayons,
Rêveur, j'aime m'asseoir près de quelque vieux chêne,
Et sonder du regard les vastes horizons.
Tour à tour, j'interroge et l'azur et la terre,
Le lac que ride à peine un vent plein de fraîcheur,
La montagne, les bois, et l'ombre et le mystère ;
Et l'immense nature ainsi parle à mon cœur :

« — Je suis, dit le soleil, une faible étincelle
» Échappée au foyer du céleste séjour ;
» Je proclame en tout lieu la puissance éternelle
» Du Dieu qui m'a commis pour présider au jour. »
« — Va, l'espace est à toi, m'a-t-il dit ; brille, éclaire,
» Embrase l'univers sous tes rayons ardents ! »
« Et, soumis à sa loi, je souris à la terre,
» Et je la vivifie à mes feux fécondants ! »

« — Je suis, dit l'Océan, l'abîme et la tempête !
» De mes vagues Dieu seul peut maîtriser le cours !
» Au geste de sa main des cieux j'atteins le faîte,
» Et change en sombre nuit le plus riant des jours !
» Calme, je suis la route à la fortune ouverte ;
» Et l'homme sans effroi m'affronte avec ardeur,
» Rêvant gloire, conquête, heureuse découverte,
» Pour n'arriver hélas ! bien souvent qu'au malheur ! »

Le paisible ruisseau me dit dans son murmure :
« — Je suis le bienfaiteur des champs et des vallons ;
» J'entretiens la fraîcheur au sein de la nature,
» Et je porte la vie aux plus brûlants sillons !

» Au voyageur brisé par sa course énervante,
» A l'oiseau haletant sous les feux du midi,
» J'offre, pure et limpide, une onde bienfaisante,
» Et le nom du Seigneur par tous deux est béni ! »

» — Au souffle du printemps, dit la fleur gracieuse,
» Je nais pour embellir le terrestre séjour,
» Imprégner de parfums la plaine radieuse,
» Inspirer le poëte et couronner l'amour !
» Je suis le seul trésor du pauvre sur la terre :
» La vierge aux saints autels me donne avec son cœur ;
» Et souvent je deviens le baume salutaire
» Qui de l'homme souffrant adoucit la douleur ! »

« — Je suis, me dit l'oiseau, la voix de l'harmonie,
» Dieu m'a fait pour peupler les bois silencieux,
» Animer le désert, égayer la prairie,
» Chanter sur le sillon du soc laborieux.
» Je brave la tempête en mon frais nid de mousse ;
» Et quand l'hiver me chasse à de lointains climats,
» Je charme l'exilé par ma chanson si douce
» Qui le faisait rêver ou sourire là-bas ! »

« — Moi, je suis des beaux jours le suave délice,
» Soupire en m'effleurant la brise au souffle pur ;
» Des plus charmantes fleurs je berce le calice,
» Et sème de parfums l'eau, la terre et l'azur.
» Du travailleur courbé sous le joug qui l'enchaîne,
» Je rafraîchis le front de sueur ruisselant ;
» Et, volant au hazard, des coteaux à la plaine,
» Je confie au pistil le pollen fécondant ! »

Le nuage me dit : « Du haut de l'empyrée,
» Quand le soleil à plomb darde ses feux brûlants,
» J'ouvre mes réservoirs à la terre altérée,
» Et lui rends la vigueur par mes flots bienfaisants.
» Hélas ! parfois aussi Dieu charge mes flancs d'ombre,
» Et, messager de mort, je porte la terreur !
» Hommes ! sur votre front quand je passe ainsi sombre,
» Oh ! priez, car je suis le fléau du Seigneur ! »

Volant de fleurs en fleurs sous l'astre qui rayonne,
L'abeille pour son miel butine avec ardeur ;
Puis, riche du parfum dont elle s'environne,
Porte au commun trésor le fruit de son labeur.
Du sage travailleur elle est le doux symbole ;
Comme elle, sans repos, il va de l'aube au soir,
Heureux s'il peut aussi, comme elle, à l'alvéole,
Déposer pour l'hiver un peu de son avoir !...

Couchés libres et fiers dans l'herbe fraîche et grasse,
De grands bœufs ruminants attirent mes pensers.
Une force superbe est empreinte à leur face,
Et d'un signe pourtant ils suivent les bouviers !
S'ils voulaient secouer leurs rustiques entraves,
Quelle main oserait du joug charger leur front ?...
Mais soumis à la loi qui les a faits esclaves,
Ils conduisent le soc dans le sillon profond !

Voici, de fleurs couvert, l'arbre aux douces promesses :
Quelle magnificence étalent ses rameaux !
Heureux cultivateur ! en comptant ces richesses,
Ton cœur chante celui qui bénit tes travaux !...

Sois bon comme ce Dieu dont la munificence
Te comble de trésors, de beaux jours et de paix :
Et si le pèlerin demande à ton aisance
Un peu d'ombre en passant, ne le chasse jamais !

Et vous, orgueil des champs, ô moissons éclatantes !
Que dites-vous au vent qui berce vos fronts d'or ?
Vous proclamez du ciel les faveurs éloquentes,
Et vous offrez à l'homme un précieux trésor !
Le pieux laboureur dans une douce ivresse,
Oublie à votre aspect ses pénibles sueurs !
Puisse-t-il, pour le pauvre accablé de tristesse,
Laisser tomber l'épi qui séchera ses pleurs !...
. . . .

Mais l'astre à son zénith, lance ses traits de flamme :
Sous ses ardents baisers tout palpite et frémit ;
La sève monte à flots sous ce feu qui l'enflamme,
Et donne au fruit naissant le feu qui le nourrit.
Et dans l'air et sur terre, on sent sourdre la vie,
Le brin d'herbe des prés et le chêne des bois,
La montagne superbe et l'ombre recueillie,
Tout s'anime et s'emplit de frémissantes voix !

O nature ! à genoux, je contemple et j'adore !
Partout à tes splendeurs je reconnais le Dieu
Dont le nom glorieux monte en hymne sonore
Des ombres de l'abîme aux voûtes du ciel bleu !
Malheur à qui nierait sa sainte providence !
Un coup de foudre un jour réveillera son cœur !
Moi, les doigts sur mon luth, frémissant d'espérance,
Je chanterai pour lui, car il est le Seigneur !...

LOUIS OPPEPIN.

Nièvre.

ÉLÉGIE

Naguère on me disait : « Tais-toi, jeune poète !
Ta voix, trop faible encor, ne saurait nous charmer,
Reposes-toi plutôt sur ta lyre muette,
  Et laisse nous chanter ! »

« Va-t-en gémir ailleurs sur ta souffrance amère,
Et ne nous parle plus d'infortune et de fiel :
Si ce monde est pour toi l'exil et la misère,
  Il est pour nous un ciel ! »

« Ne nous trouble donc pas, quand nous cherchons à rire,
Pourvu que cette vie ait pour nous des douceurs,
Que nous importe enfin qu'elle soit ton martyre,
  Sombre enfant des douleurs ? »

« Si tu veux que ton luth nous séduise et nous change,
Que nous l'applaudissions en tombant à genoux,
Homme, ne pleure plus ! poète sois un ange !
  Étoile, éclaire-nous ! »

Eh bien ! j'obéirai même dans la souffrance ;
Mes lèvres chanteront, quand mon sein gémira,
Et pour que vous croyiez à mon insouciance,
  Ma bouche sourira !

Oh ! je ne suivrai pas votre cruel exemple,
Je ne vous fuirai pas, fussiez-vous plus heureux !
Mon cœur à votre voix s'ornera comme un temple,
  Et paraîtra joyeux !

Mais si votre ciel bleu se couvrait de nuages,
S'il devenait plus noir que mon triste passé,
Si votre front penchait sous le poids des orages,
  Comme un arbre affaissé ;

Si vous veniez enfin à souffrir en ce monde
Les tourments douloureux que Dieu verse sur moi,
Non, non, je n'irai pas, comme un reptile immonde,
  Siffler sous votre toit.

Mais je recueillerai vos soupirs et vos larmes ;
Ma main diminuera la chaîne de vos maux,
Et je vous montrerai, pour calmer vos alarmes,
  Dieu parmi ses bourreaux.

Unis par le malheur, nous pourrons mieux ensemble
Vider, sans succomber, la coupe qu'il nous tend,
Et puis nous parlerons du sort qui nous rassemble,
  Du ciel qui nous attend !

Telle est la mission du barde sur la terre :
Il faut qu'il plaise à l'humble, au riche des cités,
Et que la même voix qui dit à l'un : espère !
  Dise à l'autre : chantez !

ABEILLE CASTEX.

Gironde.

UN SOIR D'ÉTÉ

IMITATION DU LAC DE M. DE LAMARTINE

C'était, il m'en souvient, par un beau soir d'été :
Dans le pur horizon, l'astre de la lumière,
Éteignant par degrés sa brillante clarté,
Sur son char radieux achevait sa carrière.

Les étoiles déjà brillaient au haut des cieux.
Les ombres lentement envahissaient la plaine ;
Philomèle chantait ses airs mélodieux ;
Et zéphyr répandait son amoureuse haleine.

Au calme le plus pur les champs étaient livrés :
La nature entr'ouvrant sa robe parfumée,
Prodiguait ses trésors à nos sens enivrés,
Et les fleurs exhalaient leur vapeur embaumée.

C'était aux bords fleuris d'un lac au cristal pur :
Les flots calmés, luisant comme une immense glace,
Du bleu palais des cieux réfléchissaient l'azur ;
Les nénuphars flottaient sur leur douce surface.

Le mystère régnait sur ce lac enchanté.
Attachée au rivage, une barque légère,
Stationnait alors sur le sable argenté ;
Et la lune éclairait la rive solitaire :

Une nymphe y parut : Son port majestueux
Ressemblait à celui de la fière déesse ([1])
Qui méprisa l'amour et ses terrestres feux.
Ses appas effaçaient ceux de la chasseresse.

[1] Diane.

Un voile transparent environnait son sein.
A sa démarche vive, et noble et gracieuse
On eût dit un génie au corps aérien.
Sa taille paraissait belle et voluptueuse.

Elle saisit la rame, et la nef mollement,
Du liquide azuré sillonna la surface;
Longtemps elle glissa, docile, doucement,
Laissant d'elle au rivage un assez long espace.

Vers le milieu du lac elle se dirigea :
Alors au même instant, dépouillant sa ceinture,
Dans l'humide élément la nymphe se plongea;
Et l'onde l'accueillit par un tendre murmure.

La Naïade aux yeux verts caressait son beau corps.
Autour d'elle on voyait les jeunes Néréïdes,
En foule s'assemblant avec de doux transports,
A sa vue accourir de leurs grottes humides.

Et toutes à la fois l'enlaçant de leurs bras,
Sous leurs corps ondoyants pressant son sein d'albâtre,
De leurs tendres baisers inondaient ses appas.
La nymphe souriait à la troupe folâtre.

L'amour qui l'aperçut de ses lambris dorés,
A ce divin aspect et palpite et soupire;
Et pour voir de plus près ses appas adorés
Près d'elle descendit sur l'aile du zéphyre.

La nymphe le reçut en ses bras amoureux.
L'attirant sur son sein sans nulle méfiance,
Comme une autre Léda caressait ses cheveux.
Mais son cœur s'enflammait sous sa douce influence.

L'amour d'un doux regard contemplait ses attraits.
Sans peine il triomphait sur sa bouche pâmée ;
Et la nymphe embrasée au doux feu de ses traits,
Lui rendait ses baisers, de sa bouche embaumée.

Assise mollement en un lit de roseaux,
Le front paré de fleurs et la joue empourprée,
Aux bras du tendre amour et des nymphes des eaux,
Elle oubliait le temps, de bonheur enivrée.

S'abandonnant alors aux plus divins transports,
Et son cœur soupirant un amoureux délire,
De sa voix tout à coup les sublimes accords
S'exhalèrent ainsi comme un chant sur la lyre :

« O temps ! ne pourrais-tu de ta puissante main,
    » Des heures attentives,
» Retenir un instant sur ton cadran d'airain
    » Les notes fugitives ?...

» Et toi reine des cieux, charmante déité,
    » Qui te mires dans l'onde,
» Ne peux-tu ralentir de ton char argenté
    » La course vagabonde ?

» Hélas ! que ne peux-tu, sensible à mes désirs,
    » Loin des yeux du vulgaire,
» Toujours sur ce beau lac, frais séjour des zéphyrs,
    » Fixer ma vie entière !

» Loin de ces vains plaisirs, de ces bruyants ennuis
    » Que la foule idolâtre,
» Je te préfère à tout, blonde fille des nuits,
    » Bel astre au front d'albâtre !

» Puissé-je comme toi, belle et douce Phœbé,
    » Rajeunissant sans cesse,
» Buvant l'oubli des ans dans la coupe d'Hébé,
    » Ignorer la vieillesse!

» D'un bonheur continu, puissé-je ainsi toujours,
    » Sous tes voiles propices,
» Parmi les doux plaisirs, les ris et les amours,
    » Savourer les délices!

» Mais quel bonheur si pur peut durer ici-bas?
    » Ce n'est qu'un court passage.
» Sur ce vaste Océan où plane le trépas,
    » Rien n'échappe au naufrage!...

» Hé bien donc jouissons! profitons des instants!
    » Cueillons les fleurs écloses!
» Hâtons-nous de saisir les plaisirs inconstants
    » Qui volent sur les roses!

» Et toi, charmant enfant, qui règne dans mon cœur,
    » Dont la douceur m'enchante,
» Amour, reste en mes bras, verse-moi le bonheur,
    » Ne fuis pas ton amante!...

» Mais quoi! la nuit s'enfuit de son trône d'azur:
    » Ma voix en vain l'implore....
» Et je vois sous les plis de son grand voile obscur
    » Étinceler l'aurore!.... »

Alors elle se tut. Rien ne troublait les airs;
Mais j'écoutais toujours cette douce harmonie,
Car l'écho prolongé de ces divins concerts
Retentissait encor sous la voûte infinie.

Mais bientôt remontant sur son frêle radeau,
La nymphe sans tarder regagna le rivage.
Et déjà de la nuit balayant le rideau,
Le jour de ses rayons illuminait la plage.

L'amour au même instant s'envola vers les cieux.
La nymphe débarqua sur la tranquille rive ;
Aux déesses de l'onde elle fit ses adieux,
Et soudain disparut à ma vue attentive.

P. CHADOUTAUD FILS.

Charente.

L'ILLUSION C'EST LE BONHEUR

I

Je ne crois pas à l'égoïsme,
A la ruse, à la lâcheté ;
J'aime mieux croire à l'héroïsme,
A l'amour, à l'honnêteté.
Je crois l'argent un accessoire,
Le gain facile un déshonneur ;
Puisque je crois, laissez-moi croire,
L'illusion c'est le bonheur.

II

Je ne crois pas que le marasme
Menace les arts libéraux ;
Mais je crois à l'enthousiasme,
Le fanatisme des héros.

Je crois que des champs de la gloire
Le mérite est le moissonneur;
Puisque je crois, laissez-moi croire,
L'illusion c'est le bonheur.

III

Je crois l'époux dans son ménage
Un vrai modèle de candeur;
Et de l'épouse l'apanage
C'est la tendresse et la pudeur.
Oui, toute femme est méritoire.
Aucun mari n'est suborneur;
Puisque je crois, laissez-moi croire,
L'illusion c'est le bonheur.

IV

Je ne crois pas aux hypocrites
Chez les gens de religion;
Je crois aux mœurs des cénobites,
A leur mortification.
Je crois d'évidence notoire
L'humilité d'un monseigneur :
Puisque je crois, laissez-moi croire.
L'illusion c'est le bonheur.

V

Je ne crois pas que la puissance
N'appartienne qu'aux oppresseurs;
Je crois à la reconnaissance
Des faibles pour leurs défenseurs.

Je crois que jamais le déboire
Ne poursuit un homme d'honneur;
Puisque je crois, laissez-moi croire,
L'illusion c'est le bonheur.

VI

Je crois que tout fonctionnaire
Est un patriote excellent,
Qui met un noble caractère
Au service de son talent.
S'il est du camp de la victoire,
Ce n'est pas qu'il soit flagorneur;
Puisque je crois, laissez-moi croire,
L'illusion c'est le bonheur.

VII

Je crois que l'on vit de sa plume
Sans être grossier ni vénal,
Je ne crois pas que l'on allume
De polémique en un journal
Pour faire de son écritoire
Un alambic d'empoisonneur;
Puisque je crois, laissez-moi croire,
L'illusion c'est le bonheur.

VIII

Je crois avoir fait un poème
Digne de la postérité;
Et, tout satisfait de moi-même,
Je crois à mon autorité.

Je crois enfin que ce grimoire
Aura pour lui plus d'un prôneur ;
Puisque je crois, laissez-moi croire,
L'illusion c'est le bonheur.

ALBERT BERTAUX.

Seine.

CHANSON
TROIS VERRES DE CHAMPAGNE

Air : *Du Dieu des bonnes gens.*

1er COUPLET

En débouchant un flacon de champagne,
Combien d'heureux, demandai-je à Judith.
Fis-tu jadis, ô ma belle compagne ?
— Pas un, méchant, vingt fois je te l'ai dit.
Mais de sa bouche, après le premier verre,
Jaillit l'aveu d'un ami d'autrefois :
— *Un*, dis-je alors, je ne suis pas sévère,
    A ton ami, je bois.

2me COUPLET

En fait d'aveux, c'est le premier qui coûte,
A cet ami, quel amant succéda ?
— Aucun, dit-elle, et depuis sur ma route
Mon cœur tint ferme et jamais ne céda.
Mais un cousin se trouva dans la coupe
Qu'elle vidait pour la seconde fois :
— *Deux*, dis-je alors, ne font pas une troupe,
    A ton cousin, je bois.

3ᵐᵉ COUPLET

Deux favoris sont assez, il me semble,
Nul, désormais ne dut toucher ton cœur,
Et cependant, pour ta vertu je tremble
En te versant la bavarde liqueur.
— Hélas! fit-elle, on me savait si bonne....
Vint un voisin dont les piéges adroits....
— *Trois*, dis-je alors, jusqu'à trois l'on pardonne,
  A ton voisin, je bois.

4ᵐᵉ COUPLET

Comme Vénus sortant du sein de l'onde,
De mon champagne, il fut je crois, sorti
D'amants nouveaux une somme plus ronde,
Un chapelet encor mieux assorti.
Ma jalousie, à tes aveux sommeille,
Pourtant, Judith, c'est bien assez de *trois*,
Laissons le reste au fond de la bouteille,
  Aux inconnus, je bois.

J. Petit-Senn.

Suisse.

L'HIVER
A M. DE CRÈVECŒUR

Les champs ont perdu leur parure,
Déjà, de toute leur verdure
L'automne a dépouillé nos bois;
Et, le cou plié sous son aile,
L'harmonieuse Philomèle
Ne fait plus entendre sa voix.

Adieu les belles rêveries,
Dans les jardins, dans les prairies,
Sous un ombrage frais et vert !
Adieu les brises parfumées,
Les solitudes bien-aimées !
Plus de beaux soirs... voici l'hiver.

Plus de moissons dans les campagnes !
Plus de troupeaux sur les montagnes !
La terre a revêtu le deuil :
Voyez ! après l'avoir frappée,
L'hiver la tient enveloppée,
Comme un mort, dans un froid cercueil.

Vanité, vanité des choses !
Le rosier a perdu ses roses,
Et le paon doré ses couleurs :
L'onde a perdu son doux murmure,
Le rossignol sa voix si pure ;
Et le saule a perdu ses pleurs.

Ainsi, regrettant son ivresse
L'homme perd, avec sa jeunesse,
Ses plus belles illusions,
Comme des fleurs dans les allées,
Elles tombent et sont roulées
Par le vent des déceptions.

En voyant les ondes glacées,
Toutes les écorces gercées,
Et nos bosquets tout déverdis,

Je pense a ce peu que nous sommes ;
Aux fleurs je compare les hommes
Et, rêveur, alors je me dis :

« La terre, aujourd'hui malheureuse,
» Après la saison rigoureuse,
» Doit renaître au printemps prochain,
» Et, toute fière de son herbe,
» Des neiges sortir plus superbe,
» Comme une odalisque du bain.

» Et de nouvelles fleurs écloses
» Couvriront le rosier de roses,
» Le paon reprendra ses couleurs ;
» L'eau limpide, son doux murmure ;
» Le rossignol, sa voix si pure ;
» Le saule reprendra ses pleurs.

» Mais, pour dissiper nos souffrances,
» Qui nous rendra nos espérances,
» Et nos premiers rêves d'amour !
» Comme le printemps, la jeunesse
» Plus ne revient, et la tristesse,
» Comme l'hiver, revient toujours. »

J.-B. ROZIER.

Seine.

MARIA MIA

Marie est un tout petit ange
Que le bon Dieu nous a donné ;
Venu de la blonde phalange,
Il promena sur notre fange,
Tout d'abord, un œil étonné.

De regret, de frayeur peut-être,
Il pleura tant, tant et si bien
Que, pour l'assimiler à l'*Être*,
Dans notre maison, Dieu fit naître
Un peu de bonheur et de bien.

Il jeta dans le réduit sombre
Tant de lumière à partager,
Des fleurs, des sourires sans nombre,
Que, bientôt, on ne vit plus d'ombre
Au front du céleste étranger.

Enfin, il mit au cœur de *celle*
Qui reçut l'ange au premier jour,
Une si sublime étincelle,
Une précieuse parcelle
De l'infini de son amour,

Que maintenant, dans la famille
Où naguère il vint s'exiler,
L'ange est une petite fille
Qui rit, qui chante, qui babille,
Et qui ne veut plus s'en aller !...

EUTROPE LAMBERT.

Charente.

LES DEUX VOLEURS

A ÉVARISTE CARRANCE

I

Nous sommes à l'hôtel : salon plein de richesse,
Flambeaux brillants de feu, sophas doux de molesse ;
Tentures de damas aux voyantes couleurs....
Que de femmes sont là, belles comme des fleurs,
Qu'entraîne en tourbillons la valse délirante,
Et que fait tressaillir la musique enivrante !
Chez le riche banquier c'est fête.... En vérité
Chez nul amphitryon on est si bien fêté !
Sous les mille clartés du lustre d'or qui brille,
La perle a ses reflets, le diamant scintille,
L'aspect est féerique... hélas ! d'où vient cet or ?
Ce luxe éblouissant ?... Nul ne le sait encor !
Ce diamant si pur et dont l'éclat nous charme
Fut peut-être un sanglot et la perle une larme,
— Larme et sanglot du pauvre, et que le riche prit ! —
Mais qu'importe, après tout ?... On s'amuse et l'on rit !...
Et l'orchestre toujours par sa musique douce
Sur les tapis épais comme la verte mousse,
— Plus moelleux encor, — fait rouler les danseurs,
Et leur verse l'oubli des misères, des pleurs !

II

Il fait froid et la neige à flocons pressés tombe...
Et le grenier du pauvre est froid comme la tombe !
Sous la tuile, — au-dessus du salon de l'orgueil, —
De la pauvre mansarde, hélas ! passons le seuil ;
Une famille est là : morne, pâle, ternie,
La mère se débat sur son lit d'agonie ;

Son souffle est presque éteint dans son sein oppressé ;
Ses yeux vitrés, hagards, son visage glacé,
Annoncent clairement que la mort va paraître ;
Et la bise du nord, froide, par la fenêtre
Sans vitres, la glaçant, hâte encor le moment.
Près du grabat le père est assis tristement,
Et de ses doigts crispés il se presse la tête....
— Pour le pauvre, ô mon Dieu, ta justice s'arrête ! —
Son visage est ridé de pensers soucieux :
Des larmes lentement s'échappant de ses yeux,
Goutte à goutte s'en vont, mouillant sa joue humide,
Tomber sur le carreau de la chambre fétide....
Puis deux petits enfants dans la paille couchés
Qui pour se réchauffer se tiennent rapprochés....
— Ils sont nés, ils vivront, mourront dans la misère ! —
D'un ton de voix plaintif ils disent à leur père :
« Viens donc auprès de nous... j'ai bien froid... j'ai bien faim...
» Père, je vais mourir, père un morceau de pain !... »
Et lui pleurant plus fort contemple leur détresse ;
Il n'a rien pour calmer la faim qui les oppresse...
Pas un morceau de pain entre eux deux partagé !!..
Et depuis deux longs jours lui-même n'a mangé....
Que lui ferait, — pour lui, — que les rudes tenailles
De la faim, de lui seul torturent les entrailles ?...
Tout à coup il se lève et s'écrie : « O Seigneur,
» C'est trop ! c'est trop souffrir ! que fait le déshonneur ?...
» Mourir, eux ?.. oh ! non pas !... Je ne veux pas qu'ils meurent !...
» Dans les vastes palais où les riches demeurent
» J'ai tendu la main... Car, je croyais, insensé,
» A leur pitié !... Mais non !... partout ils m'ont chassé !...
» Ils vivront !.. mes enfants !... » Sa voix était émue :
Il descend l'escalier... s'élance dans la rue...

Les enfants attendaient... puis il revint enfin...
« Voilà du pain, mes fils, pour calmer votre faim...
» Mais il me coûte cher!... » Et sa joue était pâle!...
De la mère mourante on entendait le râle...
L'homme pleurait toujours plus sombre et désolé....
Car le pain que mangeaient ses fils était volé!!!.

III

On entendait en bas les sons de la musique....

. . . .

Au matin le banquier filait pour la Belgique
Volant les millions, — monstre d'improbité, —
Qu'un public confiait à son habileté....
Mais le voleur de pain, que la honte accompagne,
Et qui vola pour vivre, allait dix ans au bagne!
Dix longs ans au milieu d'escrocs et d'assassins
Qui sèmeraient le mal dans les cœurs les plus sains!...

IV

Et puis, dix ans passés, lorsque le forçat sombre
Sortant de cet enfer plein de douleur et d'ombre,
Reviendra tout meurtri, le cœur dur et gâté,
Et réclamant vengeance à la société,
Chacun aura dégoût et fuira sa rencontre....
Que le banqueroutier au même lieu se montre,
Riche de ses larcins, beaucoup s'inclineront
Devant le grand voleur qui porte haut le front,
Et devant le forçat détourneront la tête....

Pourtant, lequel des deux vous semble plus honnête?...

L.-Michel Desfossez.

Nièvre.

L'AIGLE

A MON FÉAL AMI JOSÉPHIN SOULARY, DE LYON

Port noble, sûr regard, aux ailes la puissance,
Pour monter, dans son vol, aux profondeurs des airs :
Pieds de fer, pour broyer toute vaine arrogance ;
La magnanimité du sultan des déserts.

Quand sonne le combat, fièrement il s'élance,
Mais pour l'oiseau royal il n'est pas de revers ;
Car, toujours, sous les coups d'une noble défense,
L'agresseur foudroyé tombe des monts déserts.

Dans les charniers infects où grouille la vermine,
Où le chien affamé chaque jour s'achemine
Pour boire le sang noir répandu sur le sol,

L'aigle ne va pas, là, ramasser sa pâture :
Il faut du sang plus jeune à sa mâle nature,
Pour retremper sa force et raviver son vol.

Denis Ginoux.

Bouches-du-Rhône.

A L'ANGE DE LA POÉSIE

> ....Et les sons de sa voix
> Émeuvent l'air et l'onde, et le ciel et les bois.
> André Chénier.

Ange au front radieux, quand tu viens m'apparaître,
Sous ton regard fécond, oh ! je me sens renaître !

MUSETTE

A Mme HERMANCE CAIPHAZ

J'étais tout seul un soir et je rêvais à celle
Dont l'amour bien souvent adoucit mes douleurs,
Maudissant le destin qui me séparait d'elle
Et noyant mon chagrin dans des torrents de pleurs.

Pourquoi m'avoir quitté? musette de mon âme
Lorsque mon cœur au tien s'était incorporé,
De ce cœur ulcéré tu consumas la flamme
Et cependant alors, quel horizon doré !

Je me souviens encor, ô maîtresse chérie,
Lorsque tu t'endormais le soir sur mes genoux,
Doucement et sans bruit je soufflais la bougie
(La porte était fermée et nous étions chez nous).

Et quand tu t'éveillais, que tu semblais heureuse
C'était muet et sombre et tu poussais un cri,
Mais quelqu'un t'embrassait. Alors toute joyeuse
Ta raison revenait. Nous en avons bien ri.

Je me souviens aussi, lorsque ta voix vibrante
Résonnait dans ma chambre et nous n'étions que deux.
A genoux à tes pieds je te répétais : chante?
Tu chantais; et tes yeux se miraient dans mes yeux.

Et le matin, tu sais? au lever de l'aurore
Tu partais d'un pied leste avec ton chapeau noir,
Doucement tu disais : Mon chéri, dors encore,
Sois bien sage et adieu, je reviendrai ce soir.

Alors en tapinois je me levais bien vite,
Allais à la fenêtre, écartais le rideau.
Je te voyais passer, sultane favorite
De mon cœur bien souvent, emportant un lambeau.

Et mille souvenirs que l'illusion achève
Assiégent sans pitié mon pauvre cœur ému,
Je pense alors à toi, Musette, à ce beau rêve
A notre amour enfin. Et toi, te souviens-tu ?

Un soir, tu ne vins pas. Longtemps à ma fenêtre
Je cherchais à te voir au milieu de ce bruit.
Je me disais sans cesse : Elle viendra peut-être,
Mais je désespérai lorsque sonna minuit.

J'étais fou de penser que tes formes de reine,
Ton rire de vingt ans n'étaient faits que pour moi :
Tu devais marcher haut, régner en souveraine,
Il te fallait de l'or, et j'en manquais pour toi !...

Le reps ne t'allait plus. Tu voulus de la soie,
Tu voulus un salon, un boudoir, du plaisir !
Trop nue était ma chambre où tu faisais la joie,
Où je n'avais, hélas ! que mon cœur à t'offrir !

Le boyard qui te prit, te couvrit de dentelles,
Tes beaux petits bras blancs eurent des bracelets,
Ton corps fut revêtu des robes les plus belles,
Dans un coupé bleu-ciel, au bois tu t'étalais.

Je me souviens qu'un jour un brillant équipage
En revenant du turf, mit le monde en émoi.
Je courus admirer cet insolent tapage.
La femme conduisait. Musette, c'était toi !...

. . . . . ? . . ? . . . .

Reviens, reviens encor, mon âme te pardonne,
Mon cœur souffrira-t-il sans te revoir un jour.
C'est en vain qu'aujourd'hui ma pendule résonne,
L'heure du rendez-vous s'envole sans retour.

Je demeure toujours tout en haut du cinquième,
Le soleil le matin vient jouer avec moi.
Tes fleurs sont encor là. Ma chambrette est la même.
Ton portrait est au mur. Il ne manque que toi.

JULES FIQUENEL.

Seine.

CHANSON

Dans le festin où Bacchus nous commande,
Accompagné du malin dieu d'amour,
A tous les deux j'accorde mon offrande
Et me soumets à leurs vœux tour à tour,
Fêtant Bacchus quand le doux vin ruisselle
Et qu'il remplit mon verre jusqu'au bord,
Fêtant l'amour avec un doux transport
Quand je me trouve aux côtés d'une belle.

Dans ce repas où la gaîté réside,
Chaque convive assure à sa beauté
Que dans son cœur elle seule préside,
L'ayant rempli d'amour, de volupté;
Mais le bon vin par sa couleur vermeille
Réclame aussi que l'on suive sa loi.
Lequel aimer? auquel donner sa foi?
Moi, j'aime tant ma belle et ma bouteille.

Qu'on est heureux près de la table ronde,
Riant, chantant avec tous ses amis,
On se sent pris d'une gaîté profonde,
En buvant sec les vins les plus exquis.
Comment peut-on refuser son hôtesse
Quand elle vient vous servir d'échanson?
On boit sans cesse et l'on perd sa raison,
En succombant sous le poids de l'ivresse.

Maxime Philippe.

Eure.

AIMEZ

Quand l'Éternel créa le monde,
Animant tout de son amour,
Il peupla le ciel, l'air et l'onde,
Puis, assemblant toute sa cour,
Il dit avec un doux sourire
A l'archange, au blond chérubin :
« Pour être heureux dans mon empire,
» Aimez, et donnez-vous la main. »

Ensuite Dieu, dit l'Écriture,
Fit dans son immense bonté,
La merveille de la nature,
Ève la reine de beauté.
« Demeurez, lui dit-il, ma chère,
» Avec Adam dans ce jardin,
» Et pour être heureux sur la terre,
» Aimez, et donnez-vous la main. »

Lorsqu'un jeune amant et sa belle
Jurent de s'aimer constamment,
Un jour ils vont dans la chapelle
Consacrer ce tendre serment.
Et le vieux pasteur du village
Leur dit en bénissant l'hymen :
« Pour être heureux en mariage,
» Aimez, et donnez-vous la main. »

Partout l'amour dans la nature
Est le principal élément ;
En naissant chaque créature
Reçoit ce feu vivifiant.
Adorons donc ce doux mystère,
Conservateur du genre humain,
Et pour vivre heureux sur la terre,
Aimons, et donnons-nous la main.

CAMILLE DUTOUR.

Charente-Inférieure.

FOI

Dors, ma fille bénie, oh ! pour toujours repose...
Quel calme sur ton front ! sous ta paupière close
    Nulle trace de pleurs.
Penché sur ta couchette, un esprit, une flamme,
Un messager de Dieu vient de ravir ton âme
    Au séjour des douleurs.

Dieu le veut... tout est dit. Sous l'affreuse tempête
Je plîrai les genoux, j'inclinerai la tête.

Mon cœur brisé se fend;
Mais je n'aurai jamais une plainte coupable
Contre la volonté, le bras si redoutable,
  Qui me prend mon enfant.

Et, pour me l'enlever, quel grand roi de ce monde
Fut-il venu m'offrir le ciel, la terre, l'onde,
  Son amour, son appui,
N'aurais-je pas tenté de lutter en lionne?
Ou, défendant mon nid, pauvre et triste Alcyonne
  De mourir avec lui?

Mais c'est le roi des rois, c'est le maître des maîtres.
Oui. La raison me dit : que font ces petits êtres
  Pour orner son séjour?
N'a-t-il donc point assez de vierges, de blonds anges,
De brillants chérubins, de séraphins, d'archanges,
  Pour embellir sa cour?

Et la Foi me répond : tout est pâle, éphémère.
Le bonheur d'ici-bas n'est que rêve ou chimère.
  Ta frêle et douce fleur
Que de larmes son œil aurait-il répandues
Quand on eût pris ainsi bien au-delà des nues
  Son enfant sur son cœur!...

Dans ton nouveau berceau, — cette funèbre planche —
Ta mère t'a placée, ô ma petite Blanche,
  Sur le même oreiller
Où si souvent, hélas! doux bonheur de ma vie,
Penchée avec amour, l'âme émue et ravie,
  Je te vis sommeiller.

Dors... va m'attendre au ciel. Pour toi plus de souffrance,
Rien que des champs de joie, et pour moi l'espérance
    De voler près de toi.
Blanche, à mon dernier jour, dis à Dieu, notre père,
Je vais aller chercher celle qui fut ma mère.
    Oh ! viens alors vers moi.

MYRRA ARNAUD.

Hérault.

LE PETIT MOUSSE
AUX ENFANTS

Chers amis, vous ne savez pas
    Que suave est mon rêve,
Lorsque, vous suivant pas à pas
    Et vous guettant sans trêve,
Je regarde errer vos vaisseaux
    Sur les eaux
    Des ruisseaux.

Car votre bouche purpurine
    A tant de sérieux,
Quand vous livrez cette marine
    Aux flots peu dangereux,
Et votre voix tant de liesse,
    Tant d'ivresse,
    — Oh ! sagesse !

Que l'on ignore en vérité
    Lequel est préférable,
D'avoir un grand vaisseau mâté
    Sur la vague irritable,

Où de jolis petits vaisseaux
  Sur les eaux
  Des ruisseaux.

I

En observant les hirondelles
Qui s'assemblaient pour le départ,
Il disait : « Que n'ai-je comme elles,
Pour m'envoler, deux longues ailes,
Pour m'envoler à tout hasard ! »

En contemplant les blanches toiles
Qu'enflait sur l'onde un vent joyeux,
Il portait envie à ces voiles
Qui cheminent sous les étoiles,
— Filles coquettes des flots bleus.

Tout ce qui fuyait de la terre,
Il l'aimait sans savoir pourquoi :
Pour ce qui va vers le mystère
Je fais toujours une prière,
Et mon adieu tremble d'émoi.

Une fois hors du nid de mousse,
Le passereau sent l'aquilon :
Tel de sa hutte, hélas ! moins douce,
Une fois loin le petit mousse,
Dieu voit ses pleurs, sa mère non.

II

« Mon fils, » lui dit un jour sa bonne et pauvre mère,
« La cloche d'un navire appelle sur les flots.
Sous le chaume natal la vie est trop amère,
Pars, va goûter le pain qu'on donne aux matelots.

» Plus tard, bientôt peut-être, en revoyant la France,
Moins pauvre, tu diras : — Je puis y vivre heureux. —
Adieu. Que le ciel t'aide!... O vous! mon espérance,
Protégez-le surtout, Vierge du Chemin creux! »

Or, riche d'un baiser, l'enfant s'éloigna vite,
Non sans se retourner tristement plusieurs fois.
Elle, à genoux déjà devant sa croix bénite,
Croix des aïeux, priait, des sanglots dans la voix.

Elle disait : « Seigneur, vous savez si je l'aime!
Pourtant j'ai contenu mes larmes jusqu'au bout.
Me voilà maintenant ici seule moi-même :
Mon époux et mon fils, n'ai-je pas perdu tout?

» Depuis trois ans, l'un dort dans le linceul de l'onde,
Et le destin fatal me prend l'autre aujourd'hui.
Ayez pitié, Seigneur, de cette tête blonde!
Seigneur! oubliez-moi, si vous veillez sur lui.

» Nous avons bien du mal le long de l'existence,
Nous, femmes qui marchons les pieds ensanglantés.
A mesure qu'on lutte et que, faible, on avance,
La mer ravit l'enfant qui jouait aux côtés. »

— Remarquant le filet pendu contre la porte,
Elle fut le couvrir de ses baisers fiévreux.
« C'est le fils du pêcheur que le navire emporte!
A quoi bon le filet? ils sont absents tous deux....

» D'une part, l'Océan ; de l'autre, la montagne :
Oui la vie est amère et tout est pauvre ici.
Heureux les laboureurs, que l'effroi n'accompagne!
Car les sillons de l'eau servent de fosse aussi.

» Voici la nuit sereine et sa première étoile,
Phare allumé par Dieu sur le gouffre mouvant.
O vaisseau qui m'es cher! reverrai-je ta voile ?
Le vent souffle du nord, — c'est ton maître, le vent ! »

Quand son âme eut versé la plainte et la prière,
Cette femme pleura, — c'était encor prier. —
Brisée, elle pleura pendant la nuit entière
    Son enfant, son amour dernier.

III

Oh! combien, près des flots, le pauvre a l'âme pure !
La chaumière est sa joie et le travail son bien.
Humble et calme, il écoute, au sein de la nature,
Mais de nos bruits menteurs jamais il n'entend rien.

La paix dans les forêts erre silencieuse;
Sur les sables du bord la vague vient mourir;
L'oiseau livre aux rayons sa note harmonieuse;
Toi, nautonier, tu sais et combattre et bénir.

A son fils chaque mère, hélas! pense à toute heure;
Chacune suit du cœur un jeune matelot,
Dont l'image adorée éblouit la demeure
Et dont l'on dit tout bas : « Il reviendra bientôt. »

La fiancée attend et quelquefois soupire.
— « Lui, » se dit-elle, « lui se souvient-il encor? »
Elle rêve... elle rêve... elle n'oserait dire
Le mirage apparu dans son beau sommeil d'or.

Quand aux noirs horizons éclatent les tempêtes,
On songe en frémissant aux trépas de la mer;
Lorsqu'un dôme d'azur resplendit sur les têtes,
L'espoir du retour vole avec le vent dans l'air.

Restez toujours, restez à vos grèves tranquilles,
Vous qui n'admirez point le sot ricanement
Qu'étale la débauche au milieu de nos villes,
Vous qui croyez à Dieu, qui croyez au serment.

Nos tempêtes, là-bas, vous sont presque inconnues.
Celles que vous bravez sur les mers en courroux
Sont moins grosses d'effroi que celles de nos rues.
Restez, la foudre gronde et l'orage est chez nous.

La voix de l'Océan, quand il frappe sa rive
Et qu'il rejette l'algue aux rochers pleins d'échos,
Produit moins de rumeurs que notre voix plaintive,
Quand notre âme à la foule a jeté quelques mots.

Le navire vous porte aux bornes de ce monde.
Ayant l'espace et l'eau, ces deux immensités,
Oh! n'ignorez-vous pas ce qui croupit d'immonde
Dans les cœurs, dans la boue, écume des cités?

Restez, restez toujours, après le dur voyage,
A l'asile modeste où furent vos aïeux.
Restez fidèlement à votre obscur rivage,
  Peuplé de souvenirs pieux.

IV

Mais le navire a fui vers la zone lointaine,
Entre le ciel sans terme et l'abîme sans fond.
Le petit mousse a vu, devant le capitaine,
Les matelots trembler; seul il commande, ils font.

Il s'est assis parfois, réfléchissant dans l'ombre
A sa hutte de chaume, à sa mère si loin!
Et des mousses méchants, en voyant son front sombre,
Disaient de lui : « Voilà le boudeur dans son coin. »

Un soir, les flots houleux se dressent : — C'est l'orage!
Le grand mât est rompu tout à coup par le vent.
Le vaisseau penche, il file.... On résiste, courage!
Vains efforts, il échoue, il n'est plus maintenant.

Vous semez, ô Seigneur! des printemps et des fêtes,
Vous répandez partout la lumière et l'azur;
Puis vous lancez la foudre au milieu des tempêtes,
Et la mort nous moissonne ainsi qu'un froment mûr.

L'écueil contre lequel s'est broyé le navire
Avait été prédit par plus d'un matelot.
Déjà plus d'une fois, les courants en délire
Avaient fatalement poussé vers cet îlot.

De jour, on le voyait, montrant sa forêt verte
— Apparence perfide — et cachant ses rochers.
Forêt funeste et vague! On la croyait déserte,
Elle était dès longtemps la terreur des nochers.

Seul ton fils échappa, bonne mère, au naufrage.
Une lame, ou plutôt un miracle de Dieu,
Après l'avoir levé, le posa sur la plage.
Puisqu'il y doit périr, qu'importe enfin ce lieu?

Ce ténébreux îlot, que la nuit couvre encore,
De son âme affolée augmente, hélas! l'horreur.
Qu'entend-il? est-ce un monstre?... En vain l'enfant t'implore,
Vierge du Chemin creux! il mourra, mais de peur.

A sa mère il envoie un adieu d'agonie.
Il murmure : « Ma mère, oh ! qu'elle va pleurer ! »
Soudain paraît un homme à la parole amie
Qui d'abord par ses soins cherche à le rassurer,

Qui lui demande ensuite et comment il se nomme
Et quel est son pays, son âge, et depuis quand
Il a quitté sa mère. — O juste ciel ! cet homme
   Était le père de l'enfant.

V

Il dit : « Avoir pleuré, pendant trois ans, la France,
Est-ce avoir bien subi la dure loi du sort ?
Quand je laissai ta mère en proie à la souffrance,
Ses sanglots déchirants faisaient gémir le port.

» Pressentiment ou non, se traînant avec peine,
Morne, elle répétait : — Seigneur, ayez pitié ! —
Contre ce même banc où l'orage t'amène
Notre navire aussi brusquement fut broyé.

» Ces lieux, fauves écueils, sont hantés du corsaire
On échappe au requin pour tomber au vautour.
Nourri de fruits, j'ai pu, dans son propre repaire,
Sous une aile invisible être sauf chaque jour.

» Mais vois-tu sur le bord cette petite barque
Par les flots épargnée, épave du vaisseau ?
Gagner le large, fuir, faire qu'on nous remarque,
C'est le salut, s'il passe un navire nouveau.

» L'Océan s'aplanit, la tempête s'efface.
Quand demain — doux espoir — le soleil radieux,
Sortant des eaux qu'il dore, éclairera l'espace,
Ah ! puissions-nous voguer, mon fils, sous d'autres cieux ! »

L'aube du lendemain paraît à peine éclose,
Déjà la barque a pris son plus rapide essor.
Bientôt la mer immense a montré quelque chose,
Et c'était une voile, un navire, un trésor !

Les marins ont compris le signal de détresse.
O transports ! ô bonheur ! leurs frères sont sauvés.
On cingle vers la France, et les chants d'allégresse
Sont comme un hymne pur par la brise enlevés.

La voilà, la voilà, cette terre bénie !
Les grands bois, ces vieux rocs, ces monts à l'horizon,
Qui ne les reconnaît ? C'est l'air de la patrie,
C'est là des naufragés le hameau, la maison !

D'un pied valant une aile ils ont touché la rive.
Ils s'inclinent. — Salut, Vierge du Chemin creux ! —
Le cœur bat, on approche, on tressaille, on arrive....
La chaumière est fermée.... Oh ! cela, c'est affreux.

Pourvu que d'un mal noir la mère ne soit morte !
Frapper, l'oseront-ils ? L'enfant crie : « Ouvre-nous ! »
La mère entend, pâlit, puis s'élance à la porte
    Et, louant Dieu, tombe à genoux.

VI

    Quand la bise arrache la feuille
    Et soulève les océans,
    L'âme, attentive, se recueille,
    Plaignant l'arbuste qui s'effeuille,
    Et par pitié songe aux absents.

Ainsi, par un contraste étrange,
A l'heure où l'espace rugit,
Où tout hurle, où tout se mélange,
L'âme, attentive, sœur de l'ange,
L'âme ne cause, elle, aucun bruit.

Frères, la tourmente est très forte.
Aux pauvres, blottis dans les coins,
Aux enfants dont la mère est morte,
Aux faibles que l'esquif emporte,
Donnons une pensée... au moins.

A tout deuil, à toute souffrance,
Aux malheureuses sans abri,
Aux exilés sans espérance,
Accordons, sainte souvenance,
Au moins une pensée aussi.

Constant Berlioz.

Savoie.

NOTRE-DAME D'AFRIQUE

A l'Occident d'Alger et non loin du trajet
Que pourrait du château parcourir le boulet,
Est un mont tapissé de gazon et de mousse.
Un chemin y conduit par une pente douce,
Bordé de gais jardins, de superbes villas
Sous le plus pittoresque et plus sain des climats.
Le versant nord du mont obliquement incline,
Habillé d'arbrisseaux, de fleurs et d'herbe fine,

Se prolongeant du pied, en plan horizontal,
De la mer, près de là, jusques au littoral.
S'étale sur ce fonds l'éternelle demeure
Des parents qu'en son deuil l'israélite pleure.
Ni le saule attristé, ni le morne cyprès
Du défunt dans les cœurs n'excitent les regrets
Un monument de marbre, indigent de sculpture,
De ses froids ossements couvre la sépulture.
Aucun enclos n'enceint cet asile commun.

Plus proche de la ville il en est encore un.
C'est celui des chrétiens. En de hautes murailles
Par une porte en fer entrent les funérailles,
Que dirige à la fosse un vigilant portier.
On va de rue en rue et quartier par quartier
Un chapelain dessert l'autel d'une chapelle,
Élégante de style et d'une forme belle.
Un grand nombre de corps repose en des caveaux,
Avec balustre autour et chargés de tombeaux
Semblables à de hauts et riches mausolées;
Plus modestes, entr'eux, des tombes sont mêlées:
Ailleurs un oratoire a rassemblé maints lits,
Où les os d'opulents gisent ensevelis.
Une épitaphe apprend le nom de la famille,
Le rang, l'état du mort, les vertus dont il brille.
Des arbustes, des fleurs et des herbes de deuil,
Assainissent l'asile, et parent le cercueil.
De la hauteur du mont le regard se promène
Sur ces gîtes muets, sur la liquide plaine,
De noirs écueils semée et dont les roulements
Font entendre d'affreux et longs mugissements.
En retrait du versant, sur la cîme aplanie,
Du dey sous l'ombrageux et dure tyrannie

Un sanctuaire fut jadis édifié,
De la Vierge Marie un culte dédié.
Au chevet de la nef est un autel rustique
Où repose debout Notre-Dame d'Afrique,
Le teint noir, et le dos vêtu d'un manteau bleu.
A ses pieds le marin vient acquitter son vœu :
Une ancre, un aviron, un mât, une chaloupe ;
Un boîteux, sa béquille ; un opéré, sa loupe ;
Un pêcheur, son filet ; une mère, un berceau ;
Un guerrier, son épée ; un peintre, le tableau
Qui le montre aux abois luttant contre un naufrage,
Et par l'effet d'un vœu poussé sur le rivage.
Sous ces objets votifs et d'autres par milliers
Disparaissent les murs, la voûte et les piliers.
Des fleurs d'émail et d'or, artistiques offrandes,
Rampent à la corniche en superbes guirlandes.
Trop étroit pour les dons, l'intérieur est loin
Des nombreux pèlerins de répondre au besoin.
A cent pas en avant et beaucoup plus en vue,
De la reine des mers s'élève la statue,
Sur une basilique immense de grandeur,
Et dont le ciel à peine éclipse la splendeur.
Tout dans son style atteste un goût, un art sublime :
Le porche en est tourné vers l'orageux abîme.
Le portail est percé de trois portes de front,
Deux à rectangle, l'autre avec cintre mi-rond.
Des deux flancs de la nef s'avance une chapelle.
De chaque angle du toit surgit une tourelle,
Dont une colonnade exhausse le sommet
Qu'abrite une tiare, en guise de bouquet.
Le dôme est appuyé sur des piliers mauresques,
Et le toit chamarré d'ornements arabesques.

Au fond de l'édifice est bâti le clocher
Que d'un haut minaret on voit s'empanacher.
Au bord de la toiture est en forme de franges,
Debout, sculptés en marbre, un superbe ordre d'anges
De fleurs sur porcelaine un riche assortiment
Revêt tout le dehors du pieux monument.
L'enceinte au visiteur n'est pas ouverte encore.
Par son œuvre absorbé l'artiste la décore.
L'auguste simulacre est au faîte hissé,
Le noir éthiopien d'un blanc pur remplacé,
Le bras tendu vers l'onde et la main entr'ouverte,
Prête à lâcher la grâce à qui l'en prie offerte.
De grandeur colossale on l'aperçoit d'Alger,
De la campagne au loin et de la haute mer.
Que lui demande-t-on ? des feux du purgatoire
De délivrer une âme, et l'élever en gloire ;
Le nocher, un bon vent ; le voyageur, le port :
Le marchand sain et sauf d'y descendre du bord :
La veuve, un protecteur ; l'orphelin, une mère :
Une fille, un enfant la guérison d'un père ;
Le conscrit, insensible au renom de héros,
De prendre, à l'exempter, un des bons numéros.
Près d'entrer au couvent une future nonne
A son service vient consacrer sa personne.
Une affligée en pleurs la conjure à genoux
De lui rendre l'amour d'un infidèle époux.
Moitié chrétien, moitié musulman, un Kabile,
Errant, de la madone entre au pieux asile,
Y voit de ses aïeux les symboles de foi,
Et du prophète abjure entièrement la loi.
Plus sensuel et moins enclin au mysticisme,
Mu par le sang, poussé par goût vers l'islamisme,

Plus longtemps de l'Arale y croupira l'esprit.
Le juif peut-être un jour adorera le Christ.
Le nègre pour Jésus quittera son fétiche.
Du Turc, bel ignorant, l'intelligence en friche
Étudiera, perdra sa haine, et le chrétien
Ne sera plus pour lui ni ghiaour, ni chien.
Policer le pays, propager l'Évangile,
Notre-Dame d'Afrique aura cela d'utile.

Dr ANDREVETAN.

Savoie.

L'ÉTÉ

Saison où la chaleur se répand sur la terre,
Où le soleil murit les fruits et les moissons;
Où plus d'un laboureur, sur une glèbe amère,
De brûlantes sueurs arrose ses sillons !

Le gazon a jauni, les plantes sont arides,
Toutes les fleurs ont soif et la source tarit :
De l'eau de ce bassin on ne voit plus les rides,
Le ciel est toujours pur... tout s'étiole et gémit !

Mais l'air devient pesant : un point noir se dessine
Un orage — de l'eau — c'est le vœu du moment?
Le nuage grossit et l'éclair illumine....

L'on voit avec bonheur s'ouvrir le firmament.
Seigneur ! de vos bienfaits notre terre altérée
Reçoit en vous louant la féconde rosée !

ÉDOUARD LE BRETON.

Ile-et-Vilaine.

78

JE VOUDRAIS D'UN LAURIER FAIRE HOMMAGE A MA MÈRE X. S.
DÉDIÉE A M. LE COMTE DE PONTGIBAUD, DU CONSEIL GÉNÉRAL DE LA MANCHE

NAPOLÉON Iᵉʳ

ODE

Marqué dans le lointain des âges
Le ciel nous l'avait destiné.
A l'histoire il fallait des pages,
Au monde un héros couronné ;
Ce guerrier d'illustre mémoire
Dont le nom inspire la gloire,
Cet homme abaissé sans raison,
Cet homme élevé sans mesure,
Ce jet puissant de la nature
Allait être Napoléon....

Son aigle à l'immense envergure
Devait planer au haut du ciel,
Portant sur son aile un augure
Mystérieux et solennel :
Son vol révélait un grand homme,
Les noms de la France et de Rome,
Et si son œil ambitieux
Ne se fut frappé du mirage
De cette fastueuse image
Il serait grand comme les cieux.

Il serait le vainqueur d'Arcole,
Le vainqueur d'Ulm et de Lodi.
Ressuscitant à son école
Tout le vieux monde eût applaudi .

Les rois défaillants et timides
De la Vistule aux Pyramides,
Du noir Kremlin jusqu'à Luscor.
Malgré leur royale naissance
Auraient confessé la puissance
De son irrésistible essor.

Le siècle eût proclamé sa gloire.
Le Volga, l'Adige et le Pô,
Le Rhin, le Danube, et la Loire
Aux trois couleurs de son drapeau,
Prêtant le miroir de leurs ondes,
Eussent jusques aux mers profondes
Porté les feux de l'arc-en-ciel
Qui semblait pavoiser la terre,
Comme le signe héréditaire
D'un vaste empire universel.

Hélas ! son aveugle paupière
Ne vit pas que Rome est à Dieu ;
Son pied sur la barque de Pierre
Fléchit... le ciel lui dit adieu !!
La nuit obscurcit son étoile,
Le vent cessa d'enfler sa voile
Qui flottait glorieuse au port.
Un jour vint, la coupe était pleine,
L'écueil s'appela Sainte-Hélène,
L'exil, le naufrage et la mort.

La France aimera d'âge en âge
Dans notre éternel avenir,
A dire aux guerriers son courage.
Les héros sont longs à mourir....

Pauvre martyr de Sainte-Hélène,
Albion lui légua sa haine,
Qu'attendre en effet d'un Anglais?
Mais dans son éclatant génie
Il mourut pleurant sa patrie
Et priant Dieu pour ses Français!

Mais pourquoi réveiller sa cendre
Quand les destins sont accomplis?
Dors en paix moderne Alexandre
Sous la garde de tes amis.
Après le deuil, après l'épreuve
La France a cessé d'être veuve,
Ton cœur repose sur son cœur.
L'hymne interrompu recommence,
Ton nom rayonne encore immense
Vainqueur du temps, toujours vainqueur.

Il n'est pas du destin des hommes
De survivre au-delà des temps,
Et tous mortels tant que nous sommes
Nous errons au jouet des vents.
Dieu voulut qu'une fin cruelle
Empêcha la gloire immortelle,
Sans cela... l'immortalité
Je la lui promettrais sans feinte,
Car son nom porterait la crainte
Au-delà de l'Éternité!!

CHARLES POSTEL.

Manche.

LE PUNCH

Si j'avais le talent de Virgile ou d'Homère,
Je n'emboucherais point la trompette guerrière ;
Je n'irais pas, des Grecs augmentant le renom,
Célébrer Ménélas, Achille, Agamemnon,
Montrer Iphigénie offerte en sacrifice,
Raconter les discours et les ruses d'Ulysse,
Et, follement épris des grandeurs d'autrefois,
D'un monde qui n'est plus redire les exploits ;
Mais, laissant en repos les héros de la Grèce,
Je viendrais, je viendrais, plein d'une douce ivresse,
Poète des festins, armé d'un ver bruyant,
Chanter l'onde qui brûle en ce bol flamboyant.
Oh ! j'aurais pour le punch une verve féconde :
Est-il nectar plus doux, plus bienfaisant au monde,
Et qui dispose mieux notre esprit et nos sens ?
Je vous le montrerais, dans ses effets puissants,
Effets heureux dont nul ne peut dire le nombre,
Dissipant les ennuis de l'âme la plus sombre,
Allumant la gaîté dans les banquets, le soir,
Au cœur des amoureux faisant vivre l'espoir,
Inspirant à chacun une aimable folie,
Et de sa vive flamme échauffant le génie !
Certes, point n'ai conçu l'ambitieux projet
D'atteindre à la hauteur de mon brillant sujet.
Les dieux ne m'ont donné, pour cet essor lyrique,
Ni l'art virgilien ni la lyre homérique.
Invoquons toutefois la muse du *caveau,*
Qu'elle vienne au secours de mon faible cerveau ;
Chanter le punch n'est pas si facile qu'on pense,
Et j'ai besoin, Messieurs, de beaucoup d'indulgence.

Vous donc qui m'écoutez, retenez bien ces mots :
Le punch fait les guerriers, le punch fait les héros.
Quel homme, ivre de punch, en un jour de bataille
N'irait avec audace affronter la mitraille?
Quel poltron, sans trembler pour ses jours compromis,
N'irait porter la mort dans les rangs ennemis?
Pour moi, je braverais la balle meurtrière,
Et foulerais aux pieds la bombe incendiaire....
Et croyez-vous, Messieurs, qu'Alexandre-le-Grand
Eût parcouru jadis le monde en conquérant,
Du Granique à l'Indus moissonné des couronnes,
Fondé tant de cités, démoli tant de trônes,
Dicté des lois enfin à cent peuples divers
S'il n'eût rêvé d'un punch au bout de l'univers?
Tout n'a pas été dit encor sur ce grand homme :
Relisez Quinte-Curse, et vous y verrez comme
Ce héros plus complet que César, qu'Annibal,
N'eut, *inter pocula*, ni maître ni rival.
S'il fut, à vingt-cinq ans, le géant des conquêtes,
A trente ans de Silène il célébra les fêtes.
Aussi, quand il n'eut plus d'États à parcourir,
Désolé de n'avoir qu'un monde à conquérir,
Ce superbe guerrier, dont César fut l'émule,
Noya tous ses chagrins dans la coupe d'Hercule,
Invincible, l'épée ou le verre à la main,
Et deux fois admiré de tout le genre humain.

Vive, vive le punch! les pages de l'histoire
Sont là pleines de faits pour attester sa gloire.
Ayons recours au punch quand le ciel s'obscurcit,
A la flamme du punch l'horizon s'éclaircit,
Tous les nuages noirs dans les airs s'évaporent,
Et les fronts d'un rayon de gaîté se colorent.

Mais ça va-t-il brûler jusqu'à demain matin?
Ah! Messieurs, le bol fume et la flamme s'éteint.
Allons, du punch à flots! — Versez d'abord aux dames,
Car le punch est l'ami des hommes et des femmes;
Il possède, Dieu sait, Dieu sait quelles vertus!
Il rend force et vigueur aux mortels abattus,
Du savant, du poète il féconde les veilles,
Et produit, en un mot, merveilles sur merveilles,
Sans compter, c'est ici la grande question,
Qu'il est d'un effet sûr... pour la digestion!

ALPHONSE DAYREM.

Gers.

A UNE OMBRE

Oh! la comprenez-vous cette étrange souffrance
De l'homme qui n'a rien de doux dans son passé,
Et qui, sous les deux mots d'*Amour* et d'*Espérance*
Écrit fatalement ce doute : « *Je ne sçai* »

Eh bien, depuis le jour, ange, où je vous ai vue,
Où mon âme s'éprit de vos divins appas,
Où j'ai jeté ma vie aux chemins sans issue,
Car j'ignore où je vais en marchant sur vos pas;

Je sais ce que ce vide et cette incertitude
Sont au cœur que l'amour inclément a blessé,
S'il ne peut même pas peupler sa solitude
D'espoir et d'avenir, à défaut de passé.

Oui ! je la sens en moi cette douleur amère
D'un cœur qui se consume aux amours sans espoir.
Je sens l'affreux bonheur d'aimer une chimère,
Qu'on a vue.... Et qui fuit dans les ombres du soir.

Blanche apparition ! ô mon espoir suprême,
Viens ! car je me flétris à ton regret divin,
Rayonne à mes regards ! Parais ombre que j'aime !
Viens verser à mon cœur les extases sans fin !

Reviens ! — Je suis brûlé comme un fils de Tantale
Par le désir d'un bien que je ne puis avoir !
Ombre que je poursuis ! adorable et fatale !
Viens !... Je serai sauvé si je puis te revoir !

GUSTAVE RIVET.

Seine.

UN BAPTÊME AU VILLAGE

L'airain sacré résonne et l'écho des vallées
Redit dans le lointain ses joyeuses volées :
Tous les gens du pays ont quitté leurs travaux :
Le laboureur ses champs, le berger ses troupeaux
Et vont pieusement assister au baptême.
Cet innocent tableau vaut-il pas un poème ?
Le cortège est en marche, et d'un air triomphant
La grand'mère en ses bras porte le jeune enfant.
Et puis viennent après le parrain, la marraine,
La mère en ce moment plus fière qu'une reine.

Un peu plus loin : le père, ouvrier travailleur,
Contemple son enfant, son orgueil, son bonheur
Et d'un œil radieux semble dire : « Je t'aime. »
Enfin parents, amis, escortent le baptême.
On arrive à l'église où notre vieux pasteur
Pour l'enfant qu'il bénit invoque le Seigneur
Qui regarde d'en haut cette touchante fête.
L'eau purificatrice a coulé sur sa tête,
Le nouveau-né sourit, et par son doux maintien
La marraine paraît son bel ange gardien.
« Grandis laborieux et bon comme ton père,
Et sois toujours, mon fils, pieux comme ta mère. »
Du bon curé l'enfant reçoit ce tendre accueil,
On sort du temple, et tous se quittent sur le seuil.
Au bruit inusité d'une fête si douce,
En haut dans le portail tout décoré de mousse,
L'hirondelle sortait la tête de son nid,
Paraissait contempler le nouveau-né béni,
Comprendre mère aussi le bonheur de la mère
Comme si l'Éternel en un divin mystère
Eût uni tous les siens par l'amour maternel.
Cependant la clarté disparaissait du ciel,
Moi collégien rêveur quelques jours en vacance
J'admirais cette fête où régnait l'innocence,
Je voyais dans les champs lentement le soleil
Disparaître à regret, et d'un rayon vermeil
Dorer le vieux clocher de notre vieille église
Dont le coq se berçait au souffle de la brise ;
Les paysans chantaient : et j'entendais leurs voix,
Et je pensais alors : heureux les villageois !

Lucien Aubanel.

L'AIGLE

Salut roi des oiseaux, au vol audacieux,
Toi qui sur le soleil oses fixer les yeux,
Les anciens te croyaient le porteur du tonnerre,
Arme du roi des dieux pour foudroyer la terre.

Pendant longtemps, fidèle aux drapeaux des Romains,
Tu soumis à leur loi le reste des humains,
Chaque jour un combat, chaque combat : victoire,
Et puis rassasié de carnage et de gloire,
Après avoir semé le désordre et l'effroi,
Dans ton aire emportant les dépouilles d'un roi,
Le front ensanglanté d'une rouge auréole,
Le soir tu regagnais ton nid : le Capitole.

Cependant des Césars la puissance croula,
Rome ne fut plus Rome et l'aigle s'envola ;
Il plana bien longtemps, et traversant les âges
Vint s'abattre chez nous avide de carnages.

Tu t'attachas alors au César des Français,
Tu volas avec lui de succès en succès,
Tu suivis en tous lieux sa course vagabonde,
Et pour chasser au peuple il te donna le monde.
L'univers vous a vus, dans sa rage impuissant,
Enivrés à l'odeur de la poudre et du sang
Culbuter ses soldats sur les champs de bataille,
Et voler à travers les boulets, la mitraille,
De dangers en dangers à l'immortalité !
Un jour après avoir le monde ensanglanté,
Après avoir partout planté ta large serre
Et fouillé de ton bec profondément la terre,

Dans le pays lointain des éternels frimas,
Emporté par le vent, un jour tu t'égaras.
Là, seul contre la faim, le froid et la nature,
Tu tombas lourdement de bien haut sur la dure.
Alors tes ennemis, innombrables corbeaux,
De ton corps épuisé s'arrachant les lambeaux,
Pour se jeter sur toi relevèrent la tête.
(Un jour efface-t-il un siècle de conquête?)
A ton dernier moment tu résistais encor,
L'univers étonné de ce suprême effort,
Et joyeux de pouvoir assouvir tant de haine
Avec Napoléon te mit à Sainte-Hélène.
Mais la Parque bientôt allait trancher ses jours,
Quand le géant se vit près d'en finir le cours :
« Aigle chéri, dit-il, je te lègue à la France,
Va ranimer là-bas dans les cœurs l'espérance,
Va veiller au berceau de mon unique enfant,
Puisse-t-il être un jour avec toi triomphant! »
Et puis il expira. — Toi déployant tes ailes
Tu t'envolas superbe aux voûtes éternelles,
Tu traversas les mers, mais l'enfant n'était plus.
Alors, après le flux comme vient le reflux
Quand le flot un instant retiré de la grève
De nouveau l'envahit, se gonfle et se soulève :
Tu reparus en France, et dans ton noble essor
Tu combattis pour elle et tu vainquis encor.

Sébastopol est pris, la Russie est défaite,
l'Italie affranchie et l'Autriche en retraite :
Maintenant mets un terme à tes sanglants exploits,
Et sois le défenseur de la paix et des lois!

23 Mai 1869. LUCIEN AUBANEL.

A LÉONA

Sur les flancs escarpés de la verte colline,
Au milieu des genêts, du thym, de l'aubépine,
      Abrité des autans,
Se cache un nid secret, perdu dans le feuillage;
Le lierre l'environne et le chêne l'ombrage
      De ses rameaux tremblants.

Les cris de la cité dans ce lieu solitaire
N'éveillent pas l'écho; les vains bruits de la terre,
      Comme le flot mourant,
Expirent sans troubler la tranquille retraite,
Et jamais le donjon n'attira sur son faîte
      Les regards du passant.

Léona dans ces murs a fixé sa demeure.
C'est là que son cœur rit, chante, soupire et pleure,
      En rêvant le bonheur.
C'est dans ce nid doré que son âme respire
Du printemps les parfums, de l'amour le délire,
      Des anges la candeur.

T'en souviens-t-il quand sous l'épais feuillage
Tes doux accents se mêlaient à ma voix?
Quand à mes yeux apparut ton image
      Pour la première fois?

Quand sur le sol tapissé de verdure,
Tous deux assis, confondant nos soupirs,
Muets, pensifs... nous craignions le murmure
      Des amoureux zéphyrs?

O Léona! que tu me semblais belle!
Qu'il était doux de vivre sous ta loi
Quand nous jurions une flamme éternelle,
  Une éternelle foi!...

 Je viens dans ce bois solitaire
 Aux premières clartés du jour,
 Caché dans la verte bruyère,
 Attendre, à l'ombre du mystère,
 Le doux objet de mon amour.

 Dans le bocage, la fauvette
 Fait entendre ses doux concerts,
 Et la timide violette,
 Dans les feuilles cachant sa tête,
 Embaume et parfume les airs.

 Grand Dieu! que l'attente est cruelle!...
 Sur le gazon quel est ce bruit?
 Est-ce le vol de l'hirondelle?
 Le soupir de la tourterelle
 Ou du ruisseau l'onde qui fuit?

 Elle accourt près de moi tremblante,
 Sous l'égide de sa candeur.
 Telle la colombe innocente
 Près de son ramier, haletante,
 Ne craint plus l'ombre du chasseur.

 O! dans mon âme qui palpite
 Tu plonges le feu de tes yeux!...
 Ainsi l'éclair se précipite,
 Embrase l'espace, l'agite
 Et se perd enfin dans les cieux.

J. OURDAN,
Notaire.

90

LES VOIX DU CIEL

Un ange au doux regard, au sein d'une prairie,
Se reposait un jour sur le bord du chemin ;
Célébrait du Très Haut la grandeur infinie,
Par un chant tout d'amour, dans un livre divin.

Et des petits oiseaux la touchante harmonie
Rivalisait de zèle avec le séraphin.
A ces tendres accords mon âme recueillie
Abjura ses erreurs et chanta ce refrain :

« Adorez le Seigneur, enfants de ce bas monde,
» Son cœur est un trésor, une source féconde,
» D'où découle toujours une ample charité.

» Mettez, vous dis-je, en lui votre seule espérance ;
» Au séjour des élus la foi marche en silence,
» Suivez de son flambeau la céleste clarté. »

Louis Godet.

AUX CÉLIBATAIRES
OU NE VOUS MARIEZ PAS

Air : *Il me faudra quitter l'empire.*

Ainsi qu'Amour, Hymen est un dieu traître ;
Rien n'est plus faux que les fleurs qu'il promet,
Lorsque, surtout, il ose méconnaître
Les sages lois du galant Mahomet.

Son air est doux, son regard est candide;
Mais, sans broncher, il ne peut faire un pas.
Repoussez-le : c'est un liberticide!
Mes bons amis, ne vous mariez pas. *(Bis.)*

Pour vous ranger sous son perfide empire,
A vos regards, vous le verrez s'offrir
Sous les dehors d'un *ange* qui soupire
Et veut, pour vous, tout braver, tout souffrir.
Mais ce bon ange, à changeante envergure,
Devient vautour, mord à tous les appâts...
C'est un oiseau de bien mauvais augure!
Mes bons amis, ne vous mariez pas.

De son flambeau, quand les clartés trompeuses,
Pauvres humains, ont flatté vos regards,
Bientôt, hélas! vos demeures pompeuses
Sont les témoins de bien tristes écarts :
Maint ouragan jette sur votre plage
Dix chérubins nés d'autant de papas.
Puisqu'en eau trouble ainsi toujours on nage,
Mes bons amis, ne vous mariez pas.

Sachez qu'Amour prête à son jeune frère,
En grimaçant, un spécieux secours.
Défiez-vous de cet auxiliaire;
Trop de maris comptent ses méchants tours.
Il ne sourit qu'au gai célibataire
Qui, sans contrat, se glisse, pas à pas,
Dans les bosquets de l'heureuse Cythère.
Mes bons amis, ne vous mariez pas.

Oui, de nos fous, quand la loi, sur sa table,
A ramassé le dangereux serment;
Et quand l'Église, en mère insatiable,
Leur a vendu son *dernier* sacrement:
Adieu plaisirs, libertés, chaudes fêtes!
Adieu chansons, ces fleurs de nos repas;
De Damoclès l'épée est sur leurs têtes :
Mes bons amis, ne vous mariez pas.

Si vous craignez le fouet du ridicule,
Le faste vain, les noires trahisons,
Les créanciers, leur pesante férule,
Les cris, le fiel, les feintes pâmoisons;
Si vous voulez qu'à votre heure suprême,
Un cœur ami pleure votre trépas;
Si, pour vous seuls, vous voulez qu'on vous aime,
Mes bons amis, ne vous mariez pas.

Capitaine Issaurat.

Alpes-Maritimes.

ODE A LA PAIX

I

O toi, de biens, source féconde
Divine paix ! chère aux Romains,
Étend tes ailes sur le monde
Pour le bien-être des humains;
Que ton règne ouvre au libre échange
Des produits du Nil et du Gange

L'ère des rapports mutuels,
Et que par toi les peuples sages
Reconnaissent les avantages
Nés de leurs accords fraternels.

II

Aimable paix ! objet d'envie
Réside à jamais parmi nous.
Tu parais : la France est ravie !
Et Mars apaise son courroux.
Désormais sapés par la plume
Tous les forts malgré la coutume
Tomberont sans coups meurtriers,
Et dans les camps de l'industrie
Tout guerrier aimant sa patrie
Lui sacrifiera ses lauriers.

III

Laissons les sommités lyriques
Chanter sur des modes divers,
Les faits réputés héroïques
Des conquérants de l'univers ;
Qu'ils fouillent les monceaux de cendres
Qu'entassèrent les Alexandres
Sur dix mille cités en deuil ;
Cette lamentable épopée,
Ces fastes du droit de l'épée,
Sont la démence de l'orgueil !

IV

Non. Jamais ces foudres de guerre
Semant le pillage et l'effroi ;
Ces tyrans dépeuplant la terre
Ne seront des héros pour moi.

Mais celui qui par des lois sages
Gouverne au milieu des orages,
Sans nuls projets ambitieux ;
Et qui, pur d'erreurs et de crimes
Par des enseignements sublimes
S'applique à faire des heureux.

V

Voilà les seuls titres de gloire
Qui pour moi font les vrais héros :
Et le sang qui souille l'histoire
Ne vient pas que des échafauds.
Mais de la guerre impolitique,
Faite dans un but despotique
Et du peuple arrêtant l'élan ;
Volcan dont la brûlante lave
De chaque poltron fait un brave
Dès qu'il faut châtier un tyran.

VI

Plus de combats ! d'armes tonnantes,
Terrifiant le sage éperdu ;
De fanfares retentissantes
Proclamant le sang répandu.
A l'abri d'une paix durable,
Ton pouvoir fort, juste, équitable
Va déraciner les abus,
Et tous les préjugés vulgaires
Au seuil des écoles primaires
Perdront le droit d'être reçus.

VII

Mais pourquoi vouloir nos suffrages
Lorsqu'il s'agit de gouverner?
Et nous ravir ces avantages
Si nous devons tout lui donner!
C'est quand la guerre est imminente
Que son levain grandit, fermente,
Que le danger devient pressant,
Qu'il serait opportun de dire : .
Voulez-vous pour sauver l'empire
Verser votre or et votre sang?

VIII

Alors, au nom de la patrie
De la guerre évoquant l'horreur,
Nous les soldats de l'industrie
Sans forfaire en rien à l'honneur,
Nous pourrions la main sur l'histoire
Rappeler qu'à chaque victoire
Le cœur de la France a gémi;
Et que notre bouillant courage
N'a pu la sauver de l'*outrage*,
De *subir* trois ans l'ennemi.

IX

Cet ennemi dont les cohortes
Fières d'épuiser nos sillons,
S'emparaient de *nos* places fortes
Comme *arrhes* de sept cents millions.
Heures des *lâchetés* fébriles!
Quand des *Français*, traîtres serviles,

Laissaient *souiller* nos monuments,
Et le Nord venger ses défaites,
En nous faisant payer ses dettes
Sans *discuter* ses arguments !

X

De nos foyers, longtemps bannie
Dans ces jours *féconds* en douleurs,
Nous t'appelions, ô paix ! bénie !
Lorsque tu vins sécher nos pleurs.
Dès lors, le soc ouvrant la terre
Dans nos champs ravagés naguère,
Traça le sillon du progrès ;
Et le guerrier donnant l'exemple
Du Dieu Mars déserta le Temple
Pour rendre le culte à Cérès.

XI

Partout, comme la Providence
O paix ! tu donnes des trésors ;
Ton règne enfantant l'abondance
De la guerre *efface* les torts.
La terre, nourrice fertile,
Devenue inculte et stérile
Sous les débris de cent combats,
Reparaît plus riche et plus belle
Quand l'olivier, palme immortelle,
Couronne le front des soldats !

XII

Oui, grâce à lui ! plus d'indigence ;
Le travail attend l'ouvrier ;
Plus de chômage usant l'aisance.
(Hôte attristant l'humble foyer.)

Les blonds épis que Dieu nous donne,
Les doux fruits que mûrit l'automne
Ont vengé le sol dévasté;
Et tout l'or des Californies,
Vaut moins que les moissons jaunies
Au fécondant soleil d'été.

XIII

Mais ce bien-être où l'homme aspire
Par lui peut se réaliser?
Qu'il produise enfin sans détruire,
Vieux il pourra se reposer.
Qu'au lieu de briser des murailles
Avec ses engins de batailles,
Il ferme tous ses arsenaux;
Et qu'il soit de faveur insigne,
Que travailler rend aussi digne
Que de servir sous les drapeaux!

XIV

Eh! que de citoyens utiles,
Même, ont illustré leur pays,
Sans savoir, si tels projectiles,
Pouvaient brûler Vienne ou Paris?
Tous ces bras perdus, pour instruire
Le soldat au métier de nuire,
Renversant, villes et remparts;
Rendons-les à l'agriculture
Pour lui payer avec usure
L'emprunt du commerce et des arts.

XV

Quels acteurs, des sanglants théâtres
S'étendant du Caire à Moscou,
N'ont pas déploré les désastres
Commis par plus d'un Souvarow?
Nous, que dévora l'incendie
Décimés par la perfidie,
Qui nous suivait de rang en rang;
Pourrions-nous bien aimer la guerre?
Lorsque les trois quarts de la terre
Ont bu les flots de notre sang!

Milan-Quinet.

Marne.

NE PLEUREZ PAS

A Mlle BLANCHE GUILLOT

Hélas! pour vous, si belle et si gentille,
Un jour cruel vient, arrive à grands pas:
Un sombre deuil attriste la famille,
Ne pleurez pas! Blanche, ne pleurez pas!

J'ai vu des pleurs, sur votre doux visage,
Qui scintillaient en coulant lentement.
O jeune fille, armez-vous de courage,
Il vous en faut pour ce terrible instant.

Consolez-vous d'une fin aussi prompte,
Car votre sœur s'est envolée aux cieux;
Là, d'autres jours, que jamais on ne compte,
Seront pour elle heureux, beaux et joyeux.

Mais quand je songe à la douleur amère
Qui doit souvent venir vous oppresser,
Je sens bientôt se mouiller ma paupière.
Et, comme vous, je me mets à pleurer.

Ah! je comprends la terrible infortune
Qui vous délaisse en ce monde, ici-bas.
Du triste sort c'est la loi trop commune.
Ne pleurez pas!... Blanche, ne pleurez pas!...

ÉMILE DELIÉE.

19 Mai 1869.

MY LOVE

Doux rayon qui s'éveille au front pur de l'aurore ;
Fleur timide entr'ouvrant son calice embaumé :
— Virginales beautés que le printemps colore ! —
Mais *Petite Marie* est bien plus belle encore
Pour l'âme et pour le cœur de son père charmé.

EUTROPE LAMBERT.

ÉPIGRAMME
SUR LE TOMBEAU D'UN CHIEN FAVORI
A M. JOSEPH DE MINVIEILLE

On me crut atteint de la rage,
Tu m'immolas à ce soupçon :
Puissé-je servir de leçon,
A qui t'a mordu davantage!

M. DU B.

LE PRINTEMPS ET LA ROSE

FANTAISIE SENTIMENTALE

A M. ANATOLE CRESSENT

LE PRINTEMPS

« Mignon petit bouton, dans ta pelisse verte
 Pourquoi rester emprisonné?
Sous mes tendres baisers chaque fleur est ouverte,
 Et tu me fuis, bel obstiné? »

LA ROSE

Non, je ne te fuis pas; mais ta voix m'intimide
 Et ton souffle me fait rougir;
Je sens battre mon cœur; ma paupière est humide
 Aux pensers que tu fais surgir.

LE PRINTEMPS

Ah! laisse-toi fléchir! — Entr'ouvre ton corsage
 Aux chauds rayons de mon soleil;
J'enverrai le zéphyr, mon gentil petit page,
 Pour rafraîchir ton front vermeil.

LA ROSE

Printemps, charmant printemps, ton doux parler caresse
 De lointains et secrets désirs;
On dit qu'à t'obéir le monde entier s'empresse;
 Mais je redoute tes plaisirs.

LE PRINTEMPS

« Éloigne ces terreurs : — tu seras adorée,
 Tu seras reine de beauté;
Tu verras à tes pieds la cohorte dorée
 Des beaux papillons de l'été!

LA ROSE

Ne me trompes-tu pas? Ma mère l'églantine
    Souvent m'a dit : « Crains le printemps;
Crains son amour; s'il vient, ferme ton étamine
    Car il n'aime pas pour longtemps. »

LE PRINTEMPS

Hélas! de chaque fleur telle est la destinée :
    Être aimée et s'évanouir.
Rose, donne-la moi, cette heure fortunée
    Où l'amour doit t'épanouir!

LA ROSE

Doux printemps, tu m'émeus... je crains et je désire....
    Ainsi — la mort est dans l'amour....
Je le sais, et pourtant malgré moi je soupire
    Et je voudrais m'ouvrir au jour!

LE PRINTEMPS

Ah! ne retarde plus, Rose, l'heure suprême
    Qui doit nous donner le bonheur!
Le moment où l'on vit, c'est l'instant où l'on s'aime!
    Entr'ouvre toi, ma belle fleur!

LA ROSE

Printemps, mon bien-aimé, je veux voir la lumière;
    Tes soupirs ont su m'enflammer!
Si ma première aurore est aussi la dernière,
    Une heure j'aurai pu t'aimer!!

Adolphe Chavance.

Marne.

LE ROUGE-GORGE

Petit oiseau, c'est le temps des frimas,
Tout semble mort dans la nature entière ;
Depuis longtemps l'hirondelle légère
Est retournée en de lointains climats....

De nos forêts l'agréable parure
S'est desséchée au souffle des autans :
Il n'est plus rien des beaux jours du printemps,
Plus de zéphyr, plus de son doux murmure !

Pauvre petit, vois les eaux du ruisseau
Couvrir au loin l'herbe de la prairie...
Vois surnager cette feuille flétrie,
Frêle ornement des chênes du coteau !...

Vois le soleil ! il paraît à la terre
Ne plus donner qu'à regret ses rayons :
Il ne vient pas des lointains horizons
Verser sur nous et chaleur et lumière....

Pourquoi veux-tu faire entendre ta voix ?
Tout est plongé dans la sombre tristesse :
N'éveille pas, par tes chants d'allégresse,
N'éveille pas les échos de nos bois !...

A. D***.

Charente.

DEUX ARTISTES

Avril et Mai sont deux artistes
Dont Dieu dirige le talent;
Deux coquets encyclopédistes
Que chaque année on voit mêlant

A la verdure l'harmonie,
A l'amour les douces chansons,
Aux zéphyrs la note bénie
Des rossignols et des pinsons;

Aux doux frémissements des branches
Les légers bégaîments des nids;
Les papillons bleus aux fleurs blanches
Aux parfums les souffles bénis.

Dans notre âge prime la mode,
Cette fortune des tailleurs;
Et tout le monde s'accommode
Aux plus grotesques habilleurs.

Avril et Mai — de vieille date —
Se mêlent aussi d'habiller,
Et... — ce n'est pas que je les flatte —
Pas un ne sait mieux travailler.

Tous deux habillent une dame,
Disons mieux, une Majesté,
Qui n'est point une laide femme,
Mais une reine de beauté.

Avril, — le premier qui travaille, —
Mesure, tracé, touche à tout,
Pince en tous sens la vieille taille
Qu'ils vont rajeunir à leur goût.

Mai perfectionne. La couture
Coule sous ses doigts prodigieux ;
Quand il a fini, la nature
Est belle à ravir tous les yeux !

Parée ainsi la belle chante
Dans les bois, sur le bord des eaux ;
Sa voix est sublime et charmante :
C'est le chant de tous les oiseaux.

Henri Pissot.

Bernolet, près Jarnac (Charente).

LE VENT

Le vent dans le feuillage exerce sa furie
    Et renverse en passant
L'arbre de la forêt, la fleur de la prairie
    Par son souffle puissant.

Il chasse devant lui le noir et gros nuage
    Qui flotte dans les airs ;
Il éclaircit le ciel ou ramène l'orage
    Des bouts de l'univers.

Il soulève les flots de la plaine liquide
  Jusqu'en ses fondements ;
Brise sur les rochers dans sa course rapide
  Les plus gros bâtiments.

Il ne respecte pas des puissants de la terre
  L'orgueilleux talisman,
Mais abat leurs palais ainsi que la chaumière
  Du pauvre paysan.

Il arrête souvent son ardeur belliqueuse
  Et se change en zéphyr ;
Puis tous les habitants de la terre joyeuse
  Se livrent au plaisir.

D'où vient-il ? où va-t-il ? grand et profond mystère
  Que nul ne peut sonder....
Ainsi l'esprit de Dieu souffle du ciel en terre
  Pour instruire et guider.

JULES SAUZET.

Basses-Pyrénées.

RÉSOLUTION

A Mlle ADRIENNE JOULIN

Lorsque la nature
Sort de son tombeau,
Que le ciel s'épure
Et perd son manteau ;

106

Lorsque le zéphyre
S'éveille et soupire,
Et que l'on voit luire
Un soleil plus beau ;

Quand tout à la vie
Renaît à la fois ;
Lorsque la prairie
Fleurit, que le bois
Reprend sa verdure,
Le champ, sa parure,
Le flot, son murmure,
Et l'oiseau, sa voix ;

Quand, comme à la rose,
Ce temps enchanté
Rend à toute chose
Jeunesse et beauté ;
Lorsque tout proclame
Sa féconde flamme ;
A toi, dis, mon âme,
Qu'a-t-il apporté ?

Tu sais : notre joie
Dure peu d'instants ;
Tout devient la proie
Des sombres autans :
Ce temps, dans l'année,
N'est qu'une journée ;
Bientôt est fanée
La fleur du printemps.

Ta part est meilleure :
Tu peux ici-bas
Faire une demeure,
Où tu règneras
Sans craindre l'orage,
Et que le passage
Du sombre nuage
N'obscurcira pas.

Lorsque l'innocence
Et la paix, sa sœur,
Régnant en silence,
Habitent un cœur,
On voit avec elles
Fleurs toujours nouvelles,
Eaux pures et belles,
Et douce fraîcheur.

Chaque jour, des anges
Se donnant la main,
Mènent leurs phalanges
Dans ce frais jardin ;
L'âme recueillie,
Écoute, ravie,
La douce harmonie
Qui charmait Éden !....

Ce jardin, mon âme,
Je veux te l'ouvrir ;
Je veux que ta flamme
Puisse s'y nourrir ;

108

Et, qu'après l'aurore
Qui viendra le clore,
Du printemps encore
Tu puisses jouir....

J.-B. Rozier.

Seine, 1er Mai 1869.

ODE

A M. CAPITAIN (EDMOND), MAIRE DE VECQUEVILLE, SUR SON HYMEN AVEC
Mlle GÉNY (CHARLOTTE-LOUISE), PROPRIÉTAIRE A RUPT

Pour fêter ton mariage,
Ton bonheur et ton repos;
Du fond de mon hermitage,
Daigne accueillir mes échos !
Ma muse à l'instant me presse,
De chanter tes nobles vœux,
Ton amour et ton ivresse,
Ton hymen et ses doux nœuds !

De ta Louise j'admire,
Le cœur pur, loyal et franc :
Comme un temple de porphyre,
De topaze et marbre blanc !
Comme une fleur des plus belles,
Qu'enrichit le beau printemps,
De nos chastes demoiselles,
Elle a le plus d'agréments !

Que toujours, par ta tendresse,
Par tes soins minutieux,
Tu l'enivres d'allégresse;
Vrai nectar de tous les dieux !
Afin que sur cette terre,
Tous deux, vous soyez heureux,
Et que, tout en vous prospère,
Même jusque dans les cieux !!!

Vous aussi, nobles familles,
Bénissez ces chers époux !
Oubliez leurs peccadilles,
Voyez-les à vos genoux !
Comblez-les de vos caresses,
De vos dons les plus charmants,
Prodiguez-leur vos largesses,
Vos plus doux embrassements !!!

LALOY.

LE SURNUMÉRAIRE DES POSTES

Depuis six mois je suis surnuméraire,
Et j'ai l'espoir d'atteindre un jour mon but.
Dans mon humeur joviale et débonnaire
J'entrevoyais un plus brillant début.
Le beau métier que celui de la poste !
Trier, caser, du matin jusqu'au soir.
Puis, plaignez-vous, le principal riposte :
« Jeune surnu, (¹) veuillez donc vous asseoir. »

(1) Dans toutes les administrations le surnuméraire est, par habitude de l'abréviation, désigné par le nom familier de *surnu*.

De grand matin, même avant que l'aurore
Ait éclairé le val et le coteau,
Votre coucou de son timbre sonore
Vous dit : « Debout ! allons, vite au bureau ! »
Valets, pédants, gens de toute nature,
Pleuvent sur vous, c'est pitoyable à voir ;
Pourtant il faut manœuvrer sans murmure,
Pauvre surnu, tu ne peux pas t'asseoir.

Résignons-nous à croupir dans l'ornière,
A recevoir parfois rude leçon.
Nous nous usons, et notre vie entière
Ne nous produit qu'une maigre moisson.
Malgré l'appel de notre humeur trop lâche,
N'écoutons plus que la voix du devoir ;
Travaillons donc, remplissons notre tâche,
Il n'est pas l'heure encor d'aller s'asseoir.

Clopin-clopant je vais gravir l'échelle,
Je vois là-haut un brillant horizon :
L'ambition éblouit ma cervelle ;
Mais pour atteindre au deuxième échelon,
Il me faut faire et grimace et courbette,
Et rebrosser mon antique habit noir....
Enfin j'obtiens six cents francs de retraite....
Ancien surnu, tu peux aller t'asseoir.

Camille Dutour.

LE MOIS DE MAI

A Mlle MARIE WILLAUME

Il est un mois heureux où tout ce qui respire
Se revêt de parfum, d'amour et de beauté,
Et l'haleine du vent qui faiblement soupire,
En passant sur les fleurs, s'empreint de volupté !

    Sur sa tige, la fleur naissante,
    Livre à la brise caressante
    Son calice humide de pleurs,
    Et puis de sa corolle lisse,
    La goutte d'eau qui perle et glisse,
    Distille en tombant ses couleurs.

    Ici, sous un dais de verdure,
    Non loin de l'onde qui murmure,
    La fauvette, chante à son tour,
    Sur la branche déjà fleurie
    Près de sa compagne chérie :
    L'hymne touchant, de son amour.

    Puis, à sa voix harmonieuse,
    L'alouette non moins heureuse,
    Vient mêler ses plus vifs accents :
    Tandis, qu'au loin les hirondelles
    Effleurent du bout de leurs ailes
    Les fleurs écloses du printemps.

    Ici, le ver luisant scintille,
    Son corps de feu sous l'herbe brille

Comme brille le diamant ;
Même le soir lorsqu'il chemine,
On croit à sa clarté divine
Voir l'étoile du firmament.

Là, le ruisseau qui suit sa pente,
Donne à l'eau claire et transparente
Le doux reflet d'un pur miroir ;
Son onde, que l'on entend bruire,
Au bonheur semble vous conduire,
En vous quittant, dire : au revoir.

Plus loin, sur la verte pelouse,
D'un agneau, la mère jalouse,
On entend le bêlement sourd ;
Tandis que sous le frais ombrage,
Le berger au printemps de l'âge,
Trompe en chantant, l'heure du jour.

S'il est un mois heureux, c'est bien celui des roses,
Tout renaît, embellit au souffle du printemps ;
Le zéphyr, qui caresse alors les fleurs écloses,
D'un passé fugitif, nous rappelle le temps.

J.-B. ROZIER.

Paris, 3 Mai 1869.

SAINT-MALO

Majestueusement debout sur sa presqu'île,
Se baignant tour à tour et se mirant dans l'eau,
Avez-vous jamais vu de plus charmante ville
    Que la ville de Saint-Malo?

Mais plus forte et plus fière encor qu'elle n'est belle,
Au loin sur l'Océan, en portant ses regards,
De la vieille Bretagne elle est la sentinelle
    Qui veille au sein de ses remparts.

De sa robuste main la nature elle-même
Prit soin de la défendre et de la protéger
En dressant à l'entour tout un hardi système
    De rocs, effroi de l'étranger.

Aussi, dans son orgueil, la ville armoricaine,
Aux fastes si remplis de glorieux exploits,
Sut-elle conserver sa grandeur souveraine
    En faisant respecter ses droits.

De ses hardis marins — commerçants ou corsaires —
L'univers, dès longtemps, a connu les travaux;
Car il n'est pas un lieu, dans les deux hémisphères,
    Que n'aient visité ces héros.

De l'altière cité redirai-je l'histoire;
De ses plus nobles fils citerai-je les noms?
Mais ils brillent gravés en signe de victoire
    Sur ses murs avec des canons.

Lisons : Jacques Cartier qui découvrit un monde,
Duguay-Trouin, Surcouf, ses émules fameux
Qui surent comme lui se mesurer sur l'onde
    A des rivaux vaillants comme eux.

Nous citerons encor sans épuiser la liste
Moreau de Maupertuis, Mahé la Bourdonnais,
Broussais, le chef d'école et physiologiste
    Duport, La Châtre et Lamennais ;

Enfin Châteaubriand qui voulut dans la tombe,
Loin de tout bruit humain goûter un vrai repos,
Et qui seul, de la mer que son rocher surplombe,
    N'entend que les tristes sanglots.

Majestueusement debout sur sa presqu'île,
Se baignant tour à tour et se mirant dans l'eau ;
Dites, connaissez-vous de plus heureuse ville
    Que la ville de Saint Malo ?

                            ARSÈNE THÉVENOT.

Saint-Malo, le 15 mai 1869.

MAGDELEINE

                Jeannot n'a pas sa Jeanneton.
                        SHAKESPÉARE.

Écoutez, ce n'est point un conte
Qu'ici grand'mère vous raconte,

Et quand plus grandes vous serez
Fillettes, vous vous souviendrez
  De l'histoire
Du beau diable à la barbe noire...
  Hé! bien? — Eh! bien
Ce diable se nommait Lucien.

Comme vous, alors, Magdeleine
Portait un tablier de futaine,
Robe d'indienne et jupon court,
Parfois un corset de velour
  Le dimanche;
Mais fillette est oiseau sur branche..
  Hé! bien? — Eh! bien
Le diable n'y perd jamais rien.

Sous son corsage, Magdeleine
Était plus fière qu'une reine;
Et quand du pays les garçons
Pour elle faisaient des chansons,
  L'orgueilleuse
Se moquait de leur main calleuse...
  Hé! bien? — Eh! bien
L'orgueil du diable est le soutien.

Un soir d'été que Magdeleine
Se mirait dans une fontaine,
En tressant dans ses cheveux blonds
Quelques frais bleuets des sillons;
  Près la blonde
Soudain un brun parut dans l'onde...

Hé ! bien ? — Eh ! bien
C'était ce diable de Lucien.

Tremblante d'effroi Magdeleine
Du coin de l'œil, d'abord, à peine
Osait regarder le démon ;
Mais le malin semblait si bon !
    Sa main blanche
Tendrement lui serrait la hanche...
    Hé ! bien ? — Eh ! bien
Le diable lui parut fort bien.

Il lui disait : « O Magdeleine !
Veux-tu régner en souveraine
Sur mon cœur, qu'embrasa d'amour
Ton regard plus doux qu'un beau jour ?
    Je supplie !
Qu'un baiser pour toujours nous lie ! »
    Hé ! bien ? — Eh ! bien
Ce diable en prit Dieu sait combien !

Depuis ce jour là, Magdeleine
En vain, le soir près la fontaine
Attendit son brun fiancé ;
Car il avait, dit-on, tressé
    De deux pailles
Leurs deux anneaux des fiançailles...
    Hé ! bien ? — Eh ! bien
Le diable, hélas ! brûla le sien.

L. LAMB.

Var.

LE FOU

Petit oiseau, dis, dans ton vol rapide,
As-tu vu, dans les airs, une jeune sylphide
    Aux yeux d'azur ?
Au front tout blanc, aux cheveux noir d'ébène,
Aux gracieux contours, au chant d'une syrène ?
    Mais au cœur pur.

Elle habitait notre belle vallée,
Mais, hélas ! un matin elle s'est envolée
    Près du bon Dieu.
Depuis ce jour, au lever de l'aurore,
Je viens seule en ces lieux où tout me parle encore
    De son adieu.

C'est là qu'un soir, sur ce tapis de mousse,
Cet ange m'a promis, de sa voix la plus douce,
    Un tendre amour ;
Le lendemain, de ses sœurs entourée,
Elle m'abandonnait pour la voûte azurée,
    Au point du jour.

Elle portait une tunique blanche,
Un ruban de velours lui pendait sur la hanche
    Du côté droit.
Ce vêtement, quand soufflera la bise,
Ah ! préservera-t-il mon adorable Lise
    Du trop grand froid ?

Reviendra-t-elle en ces lieux solitaires
Baigner ses jolis pieds aux ondes salutaires,

Près du grand bois
Reviendra-t-elle au pied de la colline
Cueillir la blanche fleur de la verte aubépine,
Comme autrefois.

Sais-tu, dis-moi, chétive créature,
Quand les petits oiseaux, quand toute la nature,
Dans le désert,
Unit ses voix, si la voix de ma belle
Célèbre la grandeur de la gloire éternelle
Dans ce concert?

Dis-moi, dis-moi, je veux savoir encore :
A-t-elle avant le jour, dès que parut l'aurore,
Quitté son lit?
Avec ses sœurs, essaim de jeunes filles,
A-t-elle été, dis-moi, pour danser les quadrilles
Du vieux maudit?

Que demandai-je? Oh! ma raison s'égare,
Lise n'exposerait à ce bal si bizarre
Tant de vertu.
Non, je le sais. Mais ne va pas lui dire
Qu'un malheureux soupçon a causé mon délire.
Dis, m'entends-tu?

As-tu surpris le secret de son âme?
Dis, sais-tu si son cœur pour le mien est en flamme?...
Ah! réponds-moi....
Petit méchant, tu gardes le silence :
Mais si je te déplais, si mon amour t'offense,
Éloigne-toi.

Depuis ce temps il ne quitte la plaine ;
Il redit aux oiseaux son amour et sa peine :
Un noir chagrin.
Il fuit le monde et son humble demeure,
Et pis encore, il fuit une mère qui pleure
Sur son destin.

Louis Godet.

Seine-et-Oise.

L'AMOUR

L'amour ? c'est un lutin qui meut la terre et l'onde.
Une rose est son trône et son sceptre est un lis.
C'est un roitelet, ceint d'une couronne blonde,
Dont la voix fait rêver Celadons et Philis ;

Le baptême du cœur ; un phare, une chimère ;
Un Eden qui s'entr'ouvre, un pieux souvenir.
C'est une fiancée à qui, près de sa mère,
Le soir on dit tout bas ses projets d'avenir.

L'amour ? c'est le souris, doux comme une caresse,
Qui s'adresse au courage, au génie, à l'honneur ;
D'un premier rendez-vous la délirante ivresse ;
La source de la vie et celle du bonheur ;

Le mot qu'à Jéhovah dit toute créature ;
L'hysope et le palmier, la mer et le ruisseau :
Que l'aurore soupire et chante la nature.
C'est l'ange qui se penche et rit sur le berceau.

L'amour? c'est du printemps la douce et tiède brise
Qui fait épanouir et frissonner les fleurs;
Un jeune et chaud rayon qui féconde, électrise
Et dont l'ardent baiser calme toutes douleurs.

D'un parfum d'Orient c'est l'enivrante flamme;
Un philtre que Dieu fit et d'absinthe et de miel;
Un duo ravissant, une extase de l'âme;
Un poème trop court et pourtant éternel!

Félix Thessalus.

Paris.

ODE

A MM. DE LAMARTINE ET V. HUGO

I

Vos mains assez longtemps ont gouverné sans peine
Les coursiers d'Olympie, égarés dans l'arène;
Assez longtemps la lyre a vibré sous vos doigts;
Vous avez eu pour vous cinquante ans de victoires,
Que l'autre demi-siècle applaudisse à nos gloires,
    Et contemple ses rois.

Il est temps de livrer notre barque, humble encore,
Au souffle harmonieux d'une nouvelle aurore,
Aux triomphes certains d'un plus noble avenir.
Poètes, vous avez émerveillé la terre!
Poètes, nous suivrons votre essor téméraire,
    Fiers de vous rajeunir!

Sous le fardeau des ans votre grandeur succombe ;
A vous donc maintenant les secrets de la tombe,
L'éloignement du monde et les rêves du ciel ;
Mais à nous désormais les splendeurs du génie,
La voix des troubadours, les chants de l'harmonie
   Et la coupe de fiel !

Vous avez éprouvé, dans les jeux de la lice
De purs enivrements, mêlés d'un noir supplice
Que tournait contre vous un vulgaire améuté,
Et vous êtes sortis de vos luttes divines,
Portant sur votre front la couronne d'épines
   De l'immortalité.

II

Mais pour atteindre enfin votre hauteur sublime,
Nous avons le secours du Dieu qui nous anime,
Et dont l'esprit sacré se mire dans nos vers :
Ainsi, l'aigle en sortant du nid qui l'a vu naître
   N'a jamais eu besoin d'un maître
   Pour s'élancer au champ des airs.

L'Éternel a formé le feu qui nous enflamme,
D'un rayon de sa gloire et d'un cri de son âme ;
Sa voix nous a créés pour chanter sa grandeur,
Et nous devons nous joindre à toute la nature
   Pour rabaisser la créature,
   Et relever le Créateur !

Comme vous autrefois, jouets de sa puissance,
Nous aussi, nous marchons en sa sainte présence

Car il nous a marqués du sceau des immortels,
Et dédaignant les cris d'une foule insensée,
  Nous faisons de notre pensée
  Le fondement de ses autels !

Nous nous laissons aller où son amour nous mène,
Écrasant sous nos pieds le démon de la haine,
Et tenant à la main le flambeau de la foi,
Et sous quelques aspects que l'avenir s'annonce,
  Dieu seul, telle est notre réponse,
  l'Église ! voilà notre loi !

Cependant au milieu de ces chastes ivresses,
Nous conservons encore, au sein de nos détresses,
Un hymne consolant pour tous les malheureux ;
Et réhabilitant les faibles qu'on opprime,
  Nous enchaînons l'enfant du crime
  Des chaînes qu'il forgea pour eux.

III

Notre tour a donc lui ! Frères prenez vos lyres :
Abandonnez votre âme à vos nobles délires :
Levez-vous, il est temps ; car l'Éternel a dit :
« Bardes ! allez cueillir les palmes de la gloire !
Prophètes ! annoncez ma prochaine victoire
  Au chrétien lâche qui pâlit ! »

IV

Oui, nous ferons, Seigneur, ce que tu nous ordonnes !
Nous conquerrons pour nous des moissons de couronnes

Dont tu n'as pas besoin,
Et dans un chant vengeur, flagellant les impies,
Nous briserons pour toi les sauvages envies
De leur cœur inhumain.

Ensuite, le nom ceint d'un illustre prestige,
Nous laisserons nos fleurs, s'éteindre sur leur tige
Au souffle du Très Haut,
Et déposant alors notre blanc diadème
Nous nous enivrerons à la source suprême
Qui jaillit du tombeau !

Abeille-Castex.

Gironde.

À MON AMI FERDINAND SAULNIER

DE LYON

Ami, j'aime ce lac dont les brillants mirages,
Échappent pour toujours au souffle des orages ;
Ce ciel bleu, semé d'or, dont le dôme est vermeil,
Quand l'heure du matin rappelle le soleil :
J'aime ces verts bosquets, silencieux asiles,
Où le jour en glissant verse d'heures tranquilles,
Ces papillons légers, aux brillantes couleurs,
Qui puisent le nectar au calice des fleurs,
Ces chants, que les oiseaux font entendre à l'aurore
Et qu'au déclin du jour ils répètent encore :
Concert qui se confond dans le bruit du zéphyr,
Comme deux voix d'amants, dans un même soupir.

Tous ces sites charmants, ces vallons, ces collines,
Ces rocs superposés, qui pendent en ruines,
Ces tableaux si bien faits pour charmer les esprits :
En vers harmonieux, tu les a tous décrits.
Combien j'aurais donné, que nos âmes jumelles,
Ensemble eussent chanté ces beautés éternelles ;
Alors, que le lac bleu, sous le dais de la nuit,
Brodé d'étoiles d'or, flottait dans l'air sans bruit,
Et qu'à l'aspect riant, de ce lac qui t'inspire,
Tu venais accorder les notes de ta lyre.
Aussi, quel site heureux fit éclore tes vers !
Genève, est le plus beau pays de l'univers !
Dans ton amour, tu n'as, ô mon jeune poète,
Rien oublié de beau qui brillât dans ta tête
Et Lyon, doit valoir quelque chose à son tour,
Puisque ton cœur lui lègue un dernier chant d'amour.

J.-B. ROZIER.

Seine.

LES MONTAGNES

A M. LOUIS PERRIER, DE SAINT-SYMPHORIEN-LE-CHATEAU RHONE

La terre, en bouillonnant, se suspend dans l'espace :
De son sein repoussés, les monts, sur la surface,
Lèvent leurs fronts fumants vers les cieux insultés.
Mais Dieu, pour réprimer leur naissante insolence,
    Du fond des cieux s'élance,
Du pied frappe leur tête, et leur dit : arrêtez !

Depuis ce premier jour, sur leur auguste cîme,
Ils ont gardé, dit-on, cette empreinte sublime,

Comme un saint nom gravé sur un temple éternel.
Ces pics mystérieux, l'homme en vain les assiége ;
   Un long rempart de neige
Les entoure sans fin sous le dôme du ciel.

Mais, emblème imposant de nos grandeurs humaines,
Par immenses gradins descendant vers les plaines,
Les monts viennent mourir aux bords riants des mers.
Et, sans craindre l'orgueil de leurs têtes neigeuses,
   Les chèvres hasardeuses
Suivent le pâtre errant sur leurs plateaux déserts.

Là, dans le vieux sapin, la blanche tourterelle
Enivre de baisers l'amant épris pour elle.
Là, sur la mousse fraîche, une biche d'un jour,
Faible comme un ramier, aussi douce et légère,
   Tette en jouant sa mère,
Qui la lèche craintive et l'œil mouillé d'amour.

Ici, le plomb saisit le chamois dans sa course ;
Le Danube, à mes pieds, ouvre sa noble source ;
Et, sur ce roc lointain dans les airs suspendu,
Paraît du bûcheron la hutte de feuillage,
   Et le sentier sauvage
Où monte le poète en ces déserts perdu.

Seul, le poète, amant des doctes promenades,
Comprend des noirs cyprès, des brumeuses cascades,
Des monts silencieux la sombre majesté.
Là, pour lui tout est Dieu, passions, harmonie,
   Et son ardent génie,
Près de l'abîme assis, rêve à l'immensité !

Il rêve... l'Apennin se couvre de nuages :
Tout à coup s'est dressé, dans la nuit des orages,
Un fantôme... d'une urne il verse le torrent,
Son front perce des airs les profondes campagnes,
   C'est l'Esprit des montagnes,
L'aquilon de son sein s'échappe en murmurant.

— Je suis le Roi des monts ; leur sommet est mon trône :
Comme un manteau d'argent la neige m'environne :
Pour couronner mon front j'épuise l'Océan.
Nul aussi près des cieux ne portera sa tête :
   J'appelle la tempête ;
Quand il dort à mes pieds j'éveille l'ouragan.

Va, lui dis-je, des mers va soulever les lames ;
Du volcan qui s'éteint va ranimer les flammes ;
J'aime à voir son flambeau semer au loin l'effroi.
Enlève dans ton vol les roses de la plaine,
   Et que leur douce haleine
Sur son lit de glaçons réjouisse ton Roi.

Des bords de Magellan à leurs crêtes dernières,
En me jouant, je suis les longues Cordillières,
Comme un pâtre courant de sillons en sillons :
J'aime à voir s'agiter, dans les deux Amériques,
   Vingt jeunes Républiques,
Et loin sur les deux mers cingler leurs pavillons.

Noble ami du Soleil, dans mon magique empire,
Il fait germer le bronze, et l'or, et le porphyre ;

Enflamme le rubis dans les monts d'Orient ;
Monts chéris, et pareils, par leurs belles ramées,
   Aux tresses embaumées
Qu'une Vierge à l'Eurus abandonne en riant.

Je le vois, ce Soleil, sous l'horizon immense :
L'aigle d'un cri m'éveille aussitôt qu'il s'avance :
De son premier regard il vient dorer mon front.
Son œil me cherche encore à travers l'étendue,
   Quand, couché sur la nue,
Il s'enfonce vermeil dans l'Océan profond.

Comme il est beau !... Toi seule es peut-être aussi belle,
Toi, qui fuis dans mes bras aux despotes rebelle,
Liberté ! que les monts aiment tant à nourrir.
Sur ton lit de feuillage, ô mon agreste amante,
   Dors paisible et charmante,
Tes montagnards sont là, ne crains pas de mourir !

Ne crains pas qu'un mortel ose franchir mes cîmes :
Naguère, hélas ! naguère affrontant mes abîmes,
Un français insulta les sommets du Bernard....
Les destins m'ont vengé !... Quelquefois sa grande ombre
   Y vient dans la nuit sombre,
Et jette vers Arcole un triste et long regard !...

— Il dit... ô souvenir ! ô gloire de nos armes !
A la France, au héros je prodigue mes larmes ;
Je voudrais m'élancer, combattre et les venger.
Qui dira les désirs, les transports du poète ?
   Que son âme inquiète
Dans la nuit et l'horreur se plaît à se plonger !

Salut, monts orgueilleux ; salut, brûlant orage ;
Que ne puis-je, Aigle immense, écoutant mon courage,
Trouver dans vos combats un effrayant plaisir !
J'irais, j'irais sublime et dédaignant la terre,
   Chercher si le tonnerre
Par ma serre d'airain se laisserait saisir.

Dans mes transports jaloux j'ai ravi mon amante :
De l'Atlas aux Ourals, craintive et palpitante,
Je l'emporte, rapide, avec un cri vainqueur.
Là, seuls, à jamais seuls, pour calmer ses alarmes,
   Enveloppant ses charmes,
Mes deux ailes de feu la pressent sur mon cœur.

Mon cri fait tressaillir les nations captives :
L'Angleterre, en grondant, écoute sur ses rives,
Par mes serres vaincu, son Léopard gémir,
Et, dans ces monts ouverts aux grands cœurs qu'on outrage,
   Libre, aux flancs d'un orage,
Sur un pic solitaire on me voit m'endormir.

J.-B. ROZIER.

Seine.

LES USURPATEURS DU TITRE DE POËTE

Celui-là n'est qu'un faux, qu'un ignoble poète
De qui l'âme est abjecte et le cœur malhonnête.
Il peut connaître l'art du versificateur
Et d'une œuvre insipide être le fade auteur.
Le vol de son génie est un essor infime.
Par lui l'extravagant est pris pour le sublime.
Sa pensée est commune et pauvre d'idéal;
Son style positif, décharné, trivial.
Du beau, du bon, du vrai d'où vient cette indigence?
C'est qu'en lui de l'honneur on remarque l'absence.
A-t-il à des journaux pris un abonnement?
Sa main est en défaut ou retard de paîment.
Dans une circulaire, une feuille publique,
Il annonce avec prix un concours poétique
Où, pour l'insertion des vers des concurrents,
Il demande l'envoi de dix, quinze ou vingt francs.
Mais l'entreprise avorte; et l'argent dans sa bourse
En pays étranger avec lui prend sa course.
Des écrivains un autre exploitera l'orgueil :
D'extraits de leurs écrits il va faire un recueil,
Et pour son œuvre il faut qu'il consulte leur livre,
Leur dit-il; et chacun à sa fable se livre.
L'ouvrage est — franc de port — par la poste envoyé;
Mais le sien, tant promis, n'est jamais publié.
Un gascon pour hausser le renom de sa plume,
Dit en vendre les fruits cent louis le volume;
Et cependant bien loin qu'on le voie enrichi,
On l'a fourré pour dettes aux prisons de Clichy.
N'a-t-on point écoulé sous un titre un poème,
Sous un plus à la mode on affiche le même.

Ou l'on possède encor toute une édition,
Que déjà l'on en cite une succession ;
Mensonge à faire croire au débit d'un ouvrage,
A l'oubli condamné faute d'achalandage.
A grand bruit sur la foire ainsi le charlatan
Sollicite à l'achat de son orviétan.
Fausseté, duperie, artifice, imposture
Sont poisons froids, mortels à la littérature ;
L'image y peut briller d'une vive couleur,
Sans que du sentiment anime la chaleur.

Dr ANDREVETAN.

Haute-Savoie.

L'AGRICULTURE

A M. A.-L. BOUÉ DE VILLIERS

> Je suis la puissante nourrice
> Qui fait vivre les continents.
> B. DE VILLIERS.

L'universel progrès, dont la source féconde,
Par de nobles travaux enrichit le blason,
Accomplira le vœu que réclame le monde ;
Alors ce sera là l'œuvre de la raison.

Artistes, travailleurs, dont le vaillant courage
Augmente la valeur des merveilles de l'art,
Oui, vous vous admirez au sein de votre ouvrage,
Et vous dites joyeux : de ceci j'ai ma part.

C'est vrai, de vos travaux l'utilité réelle
Se comprend au grand jour, c'est le bien, c'est le beau,
Mais cela n'est pas tout, de l'œuvre universelle,
Ce ne sont pas vos mains qui tiennent le flambeau.

Artistes, faites place, un cortége s'avance,
Le char agriculteur prend l'essor vers les cieux.
C'est lui qui le premier apportant l'abondance,
Nourrit l'humanité de ses dons précieux.

Et vous, chers travailleurs qui labourez la plaine
Acceptez de bon cœur la palme du travail
Que vos calleuses mains gagnent chaque semaine :
— Vous êtes du progrès le puissant gouvernail.

A peine le soleil dans sa course éternelle
Vers l'Orient blanchi, révèle son retour,
Que de vos bras virils, la joute fraternelle,
Va recueillir les fruits de son fécond amour.

Comme un essaim joyeux, d'ardentes jeunes filles,
Riches de leur beauté, comme un sacré trésor,
Vont le cœur tout joyeux, en tenant leurs faucilles,
Couper les blés mûris, aux riches épis d'or.

Un rayon de santé brille sur leurs figures,
Qu'un large chapeau neuf ombrage de ses bords;
On dirait à les voir de célestes augures,
Adressant vers le ciel, leurs sublimes accords.

Avec la majesté des antiques prêtresses,
Qui sur l'autel gaulois offraient le gui sacré,
Les voilà, les voilà ! ces nobles prophétesses,
D'un utile travail leurs bras ont le secret.

Courage, agriculteurs, votre œuvre recommence,
Et voici la moisson : manne de l'univers,
Recueillez les trésors de cette plaine immense,
Pour chasser la famine et ses affreux revers.

Bientôt vous serez ceints de la noble couronne
Qui récompensera de valeureux efforts;
Vos cœurs l'accepteront, le pays qui la donne,
Vous verra respectés des puissants et des forts.

Et vous, nobles enfants de la Beauce fertile
Continuez toujours l'œuvre de vos aïeux,
La récompense à vous sera toujours utile,
Et vous serez bénis de la terre et des cieux.

Arthur Letur.

1er Mars 1869.

AU VIN

Doux parfum, doux nectar, dont la source est bénie,
Doux bienfait envoyé par notre Créateur,
A toi qui sais donner à notre étrange vie
L'espérance et l'amour, ces rayons du bonheur.

H. Kehric,

Gironde.   De l'*Indicateur vinicole* de la Gironde.

LA MUSE A ALFRED DE MUSSET

Poëte que j'aimais, je garde ta mémoire,
Tu me donnas ton âme, au grand jour de la mort
J'ai posé sur ton front les stygmates de gloire,
Et la France avec moi, Musset, te pleure encor.

Toi, sublime penseur, que poursuivait le rêve,
Mort au jour du succès, avant le temps fauché,
Pâle de désespoir, à l'heure où bout la sève,
Sans arriver au but par ton esprit cherché.

O chantre de l'amour, tu mourrus sa victime,
Ton cœur inassouvi, sans trêve et sans repos,
Du vide l'obsédant voulait combler l'abîme,
Et dans la vie, hélas! ne trouva pas d'échos.

La beauté bien souvent, avait brûlé ta lèvre
Et couvert ton beau front de baisers enivrants,
Ton cœur s'était brisé comme un vase de Sèvre,
Et ton corps tressaillait de transports délirants.

Tu recherchais l'amour, tu recherchais l'ivresse,
Le bonheur t'échappait; t'éveillant du sommeil,
Tu trouvais le dégoût, la mortelle tristesse,
Musset, tu pâlissais à l'heure du réveil!

Dans celles qui t'aimaient en recherchant la femme,
Tu ne trouvais que leurre et qu'un amour déçu,
Et sous la cendre épaisse en attisant la flamme
Tu payais en beaux vers tout le bonheur reçu,

Beaux vers qui dureront ce que dure la lave,
Vers au timbre sonore, oiseaux, chanteurs divins,
Dans l'ode, cage d'or, disant leur chant suave
De jeunesse et d'amour qu'on applaudit des mains.

Tu voulus croire en Dieu; terrassé par le doute,
Tu retombas bientôt; en voulant l'adorer,
Tu t'arrêtas brisé sur les bords de la route
Et le front, dans les mains, l'on te voyait pleurer,

Pleurer l'illusion, la foi dans l'espérance,
La foi dans l'idéal qui te berçait enfant,
Toi que tous admiraient et qu'acclamait la France,
L'on te vit t'affaisser, l'angoisse t'étouffant.

Tu chantais le printemps où fleurissent les roses,
Tu chantais les talents parmi nous admirés,
Au ciel tu saluais les étoiles écloses,
Les échos redisaient tes refrains inspirés....

Ta grande âme souffrait d'une cruelle ulcère,
Tu trouvais d'ici-bas trop étroit l'horizon.
Tel qu'Alighieri dans la ville étrangère,
Tu voulus t'échapper de ta sombre prison.

Ainsi qu'aux premiers jours, la jeunesse te pleure,
Garde le souvenir de tes vers les plus beaux,
Tu n'es point resté seul en ta sombre demeure,
Sur celui qui m'aimait, moi, la fille des cieux
A tes pieds, chaque jour, je viens verser des larmes,
Du soldat dont la mort, hélas! brisa les armes
Je redis, en chantant, les vers harmonieux.

Près du saule pleureur, qui couvre ta dépouille,
Comme en la nuit de mai j'arrive à ton appel,
Fervente, sur ton corps, je prie et m'agenouille,
Poète, grâce à moi, ton nom est immortel !

FERDINAND DES ROBERT.

Moselle.

A JOSEPH-ANDRÉ ROZIER
MON CHER FILS

Pendant les nuits étoilées,
Vois-tu, mon fils, ces rayons
Qui semblent, de nos vallées,
De célestes visions?
Ces étoiles, en grand nombre,
Scintillant, du haut des cieux,
De la nuit, dissipent l'ombre,
Par leur éclat radieux.

Lorsque tout dort sur la terre,
L'enfance dans son berceau,
Que le bouvreuil solitaire
Se tait sur son arbrisseau,
Des myriades d'étoiles,
Se réflétant sur les flots,
Par leurs lueurs dans les voiles,
Dirigent les matelots.

Tout esprit mélancolique
Au jour préfère la nuit;
Et, la muse poétique
Se recueille loin du bruit.
Le cœur blessé qui soupire
Fuit les regards indiscrets;
La solitude l'attire;
Le silence a ses secrets.

Si, parfois veille le crime,
La lune, avec majesté,
Suit son cours, et le réprime
Par sa brillante clarté.

Le malade en sa faiblesse,
Est heureux de voir encor
Ce globe auquel il adresse
Souvenirs et rêves d'or.

La lune console et guide
Le voyageur égaré,
La jeune fille timide,
Le pélerin ignoré.
Tendre mère de famille,
Porte à tes enfants du pain,
Sur tes pas la lune brille,
Tu reconnais ton chemin !

En sillonnant la lagune,
Le gondolier, chaque jour,
Invoque un beau clair de lune,
Et sourit à son retour.
A l'homme dans tous les âges,
L'étoile au ciel dit : — Croyez !
Aux enfants soumis et sages
La lune, aussi, dit : — Priez !

J.-B. ROZIER.

A MA SŒUR

> Oh ! le lis est moins pur qu'un bel enfant candide
> Nouvellement tombé de vos mains, ô mon Dieu.
> Mme ANAIS SÉGALAS.

Petite sœur sois toujours pure,
Comme le lis qui brille aux champs,
Comme l'oiseau dont le murmure,
Éveille des concerts touchants !

Trésor de joie, d'amitié tendre,
Donné par Dieu, par lui béni ;
Grandis ! bientôt tu vas comprendre,
Pour toi mon amour infini !

Si tu ressembles à ces anges,
Aux corps charmants et radieux,
Groupés en divines phalanges,
Autour des portiques des cieux !

Si le reflet de ta jeune âme,
Dit : innocence ! long bonheur !
Si de tes yeux la sainte flamme,
Rayonne pleine de candeur !

Si ta bouche fine et mignonne,
Dans un dialecte naissant,
Lorsque sur nous la foudre tonne,
Implore le Seigneur puissant.

Si de tes lèvres bien vermeilles,
S'épanouit un souris doux,
Lorsque tranquille tu sommeilles,
Assise sur mes deux genoux.

Et si lorsque tes mains se joignent,
Pour obtenir ou supplier,
Mes rigueurs aussitôt s'éloignent,
En te donnant un bon baiser.

Si tu ne connais de ce monde,
Les troubles, les calamités,
Si la haine et le vice immonde,
Passent sans bruit à tes côtés.

Si ta candeur charme et console,
Si ton ciel est toujours d'azur !
Fleur ! si de ta chaste corolle
S'échappe un parfum toujours pur !

C'est qu'un gardien doux et fidèle,
Un chérubin, veille sur toi,
Et couvre ton front de son aile,
Comme celui du fils d'un roi !

Enfant ! conserve l'innocence,
C'est l'horizon calme et serein !
C'est le phare de l'espérance,
Guidant tes pas dans le lointain !

C'est l'avenir, riant ! splendide,
C'est le doux lien qui nous unit !
Et le crépuscule candide,
Que le maître des rois bénit !

J. FERAUD.

Alpes-Maritimes.

A M. JULES PRIOR

TONNELIER-POÈTE A BEAUMONT-LE-ROGER (EURE)

O toi, noble artisan, poète de renom,
Dont la postérité répétera le nom,
C'est au fond d'un réduit, c'est dans une chaumière,
Que ton brillant génie a produit sa lumière.
Là seul avec ton âme aux élans généreux,
Tu lisais à toute heure au grand livre des cieux
Les mystères du cœur, et ta muse invincible
Défiait du destin la rigueur inflexible ;
Tu méditais, pensais, toujours la tille en main :
Ce n'était qu'au labeur que tu devais ton pain.
Et pourtant on a vu s'éclore sous ta plume
De vers mélodieux un excellent volume,
Qu'enfanta ton cerveau sans nulle notion
Des principes qu'apporte en nous l'instruction :
Autrement tu serais au nombre des poètes
Dont le monde charmé proclame les conquêtes.

. . . .

Déjà nous te verrions au faîte de la gloire,
Ton nom d'un vif éclat brillerait dans l'histoire ;
Tes écrits admirés, tes sublimes travaux
Éclipseraient déjà tes plus doctes rivaux.
Mais de toi dans ce jour on n'aperçoit qu'une ombre
Et tu pouvais créer des ouvrages sans nombre,
Si tu n'avais été d'instruction privé.
Quand la gêne poignante au travail t'a rivé
La fortune jamais n'a protégé ta muse
Longtemps cachée en toi tout comme une recluse.
Cependant celle-ci soudain prend son essor
Et sa voix retentit comme le son du cor,

T'inspirant chaque jour à l'heure de ta veille
L'aimable choix de vers dont chacun s'émerveille,
Ouvrage plein d'esprit, de cœur, de sentiment,
Ce qui confirme en toi ton sublime talent,
Tes accents enchanteurs, ta douce poésie
Nous font battre le cœur jusqu'à la frénésie ;
Ta plume sait charmer, émouvoir les esprits ;
Qui peut, sans t'admirer, lire tes beaux écrits ?
Ah ! que ne puis-je aussi chanter ta renommée,
Que tu dois à ta muse à jamais bien-aimée,
Répéter aux échos des vers dignes de toi !
Mais ma voix est trop faible, accepte au moins ma foi.

MAXIME PHILIPPE.

Eure.

CE QUI REND L'ENFANT AGRÉABLE
A DIEU ET A LA FAMILLE

A MA CHÈRE ÉPOUSE, A MES DEUX ENFANTS BIEN-AIMÉS

I

Si je donne l'essor à mon jeune délire,
Exhalant, simple fleur, le parfum de ma foi :
Si je monte aujourd'hui les cordes de ma lyre,
Sainte enfance, crois bien que ce n'est que pour toi.

Si pour toi je descends, jeune encor dans l'arène,
Ce n'est pas dans l'espoir d'éveiller un vain bruit :
Celui qui tient de Dieu l'âme pure et sereine,
Doit peu chercher l'honneur, le vide qui le suit.

Mais peindre, sans orgueil, sur ma petite toile,
Des élans d'un cœur pur le tableau gracieux!
Toi, qui mènes le monde et fait briller l'étoile,
Conduis moi vers ce but, ô bon père des cieux!

II

Laissons ce jeune enfant, ange au visage rose,
Qui dans son frais berceau si doucement repose,
D'un couple fortuné tendre fleur et beau fruit;
Dans ses doux langes blancs, cet innocent sommeille,
Et sur son cher trésor un œil maternel veille,
O mes amis passons, ne faisons point de bruit.

Passons, il ne sait pas encore nous sourire,
Ni nous tendre les bras, encore moins nous dire
Le saint nom de celui qui règne dans le ciel!
Dans son berceau laissons la blonde créature,
Et la mère donner à sa progéniture
Tous ses soins, son lait pur, et ses baisers de miel.

Disons-lui : « Que tes jours soient beaux comme le rêve
Qui vient nous visiter quelquefois dans la nuit;
Beaux comme la clarté de l'astre qui se lève
Chaque soir, jeune enfant sur ton simple réduit.

Que jamais dans ton ciel ne se montre l'orage,
Ton aurore promet, enfant, le plus beau jour;
Que Dieu qui te chérit chasse au loin le nuage,
Et te garde longtemps à notre chaste amour!...

. . . .

III

Venez et suivez-moi dans ce modeste asile,
Par deux époux chrétiens, un enfant habité ;
Oasis de bonheur, séjour frais et tranquille,
Où meurent les vains bruits, montant de la cité.

Regardez cet enfant qui, pour toute parure,
N'a que ses deux yeux bleus, sa blonde chevelure
    D'un blanc voile il est vêtu !
Sa mère est près de lui ; parfois la jeune femme,
Regarde vers le ciel !... Elle apprend à son âme
    Les leçons de la vertu.

Elle lui dit tout bas : « Dans les cieux est un père
Qui veille sur tes jours et protége tes pas ;
Qui dit au cœur souffrant : en moi toujours espère,
    Mon fils, ne l'abandonne pas.

» Sa main d'étoiles d'or pour nous remplit l'espace,
L'oiseau tient de lui seul sa charmante chanson :
Il fait pleurer le vent qui dans le hallier passe,
Et recouvre de fleurs, au printemps, le buisson.

» Au seul bruit de sa voix se soulèvent les ondes,
Vers cet immense espace où gravitent les mondes
Et ce brillant soleil esclave de sa loi,
A son ordre suivant chaque jour sa carrière,
S'il semble décliner ? va verser sa lumière
Sur ces mondes géants qui le nomment leur Roi.

» Aux petits des oiseaux il donne leur pâture,
Il fait croître le lis au sein du frais vallon,
De son divin amour dote sa créature
    . Et commande à l'aquilon.

» A Dieu livre ton cœur, et lui te rendra sage ;
Dans le danger toujours il te tendra la main ;
De la vertu faisant ainsi l'apprentissage,
De son ciel, à ta mort, tu prendras le chemin. »

IV

Et l'innocent Albert ; comme un moule fragile
Reproduit les dessins sur le métal fondu,
Aux leçons de sa mère attentif et docile
Porte le fruit du germe en son cœur descendu.

Il ne quitte jamais sans l'ordre de sa mère
   Ses livres, sa maison ;
Se distrait au logis, en suivant sa chimère,
Évite des enfants la bande tracassière
Dénichant les oiseaux dans la belle saison.

Il ne manque jamais de se rendre à l'école
Où son cœur s'améliore, où grandit sa raison ;
Évite des romans la lecture frivole
Et laisse aux insensés ce dangereux poison.

A ce pauvre indigent qui demande l'aumône
   Il sait toujours ouvrir ;
Heureux et souriant chaque fois son cœur donne
L'obole, un mot d'espoir, l'habit pour le couvrir.

Et malgré tous ces dons, Albert dans le village
Soulève les cancans de quelques sots jaloux ;
Lui, passe son chemin, et puis comme un vrai sage
Les plaint et de bon cœur pardonne à tous ces fous.

Et du jardin gagnant la fraîche solitude,
A sa mère disant, pour un moment, adieu :
Il se met à genoux, et dans cette attitude,
  Son cœur parle au bon Dieu :

« Protége les oiseaux dans leurs doux nids de mousse,
Sous le bois fais toujours murmurer le ruisseau ;
Fais que dans le jardin ma jeune vigne pousse
Et puisse s'arrondir en gracieux berceau.

» Mon Dieu, fais que la brise, en la saison nouvelle,
Parfume l'air et pleure à travers le hallier ;
Fais que, chaque printemps la légère hirondelle
Regagne sans péril mon toit hospitalier.

» Mon Dieu, donne toujours l'arôme à la montagne,
Fais fleurir l'amandier sur le riant coteau ;
Du blond ramier, toujours, protége la compagne
Garde pour leurs petits les *tours* du vieux château.

» Aux petits des oiseaux tu donnes la pâture,
A nos fleurs un parfum toujours délicieux ;
Pour le pauvre indigent garde la nourriture ;
  O bon père des cieux !

» Mon Dieu ! fais que l'enfant te bénisse et t'adore,
Que périssent toujours les désirs du méchant !
Fais que ton règne arrive aux peuples de l'aurore ;
Que t'aimer, te servir, sois mon plus doux penchant !

» Fais que toujours mon cœur respecte mon vieux père ;
Que la sienne, toujours, guide ma volonté ;
Qu'à l'heure du danger en toi toujours j'espère,
Que je compte toujours, mon Dieu, sur ta bonté !

» Que ta main, ô mon Dieu, des écueils de ce monde,
M'avertisse, me parle, et me sauve toujours !
D'un baptême d'amour sur moi fais couler l'onde,
   Et veille sur mes jours, »

. . . .
. . . .

Dieu ! Chérit cet enfant, et l'heureuse famille
Surveille chaque jour ce trésor précieux.
Puis tous les trois, le soir, quand le foyer pétille
Répètent à genoux : Hosanna ! Gloire aux cieux !

Denis Ginoux.

Bouches-du-Rhône.

LES FEMMES

Reines par la beauté, saintes par la douceur,
Elles vont effeuillant des fleurs sur notre route ;
Syrènes par l'esprit, sublimes par le cœur,
Elles ont la croyance et nous avons le doute !

Évariste Carrance.

Gujan.

FANCH ANN TREUD PE ANN ANKOU

Pann devo gwell c'hoant Fanch ann Treud
    Nimp holl avezo la kwed reud,
    Rak hennez azo dégalon
  Ag hor diskar eb kaout spouron !

    Fanch ann Treud a ziskar atao
    Braz ho bihan, divalo, brao,
  Didann taolliou he falz pounner
    Elec'h sevel holl he plegwer.

Kenkouls tud iaouank evel koz,
    Holl he tiskennomp barz er foz,
    Allaz ! ar bleo du, ar bleo gwen,
    N'enn dinn netra nemet poultren,

    Kenkouls tud paour ha pinvidik,
    Tud gallouduz ha kizidik,
    Tud ha skiant ha tud eb stum,
    Holl he tremenomp rum a rum.

    Holl he tilezomp ann draounien
    Kargwed ha fank ag ha voulien,
    Holl he tilezomp ar bed man
    Ha kemenn tra ezo war n'an.

    Holl he renkomp siouaz ! mervel
Pa n'eur gav ann eur d'hor gwervel,
    Evel ar bleun er prajeier
    He tremenomp gant an amzer !

VISSANT KOAT,
Barz Kervegwen.

FRANÇOIS LE MAIGRE OU LA MORT

Quand François le Maigre le voudra bien
   Nous tous nous seront rendus raides,
   Car celui-là est un sans cœur
Et nous abat sans nulle frayeur.

   François le Maigre abat toujours
      Grands et petits, jolis, laids,
   Sous les coups de sa terrible faulx
      Au lieu de s'élever on plie.

Aussi bien les jeunes comme les vieux,
   Tous nous descendons dans la fosse,
   Hélas ! les cheveux noirs où blancs,
   Ne sont rien que poussière.

   Aussi bien gens pauvres que riches,
   Gens de puissance ou langoureux,
   Gens d'esprit ou sans tournure,
   Tous nous passons tour à tour.

   Tous nous délaissons la vallée
   Remplie de fange et de boue,
   Tous nous délaissons ce bas monde
   Et tout ce qu'il y a dessus.

   Tous hélas ! il nous faut mourir
Quand arrive l'heure de nous appeler,
   Comme les fleurs dans les prairies
   Nous passons tous avec le temps !

VINCENT COAT,
Barde de Kervéguen.

A JOSEPH ANDRÉ ROZIER

A L'OCCASION DE SA PREMIÈRE COMMUNION LE 20 MAI 1869

Il est donc vrai : demain, au seuil du sanctuaire,
Tu viendras de plus près adresser ta prière :
    Demain le souverain des cieux
D'un bonheur sans mélange inondera ton âme,
Et l'ineffable ardeur de la divine flamme,
    Demain te rendra bien joyeux !

Écoute... comme toi, douze ans étaient mon âge ;
Dieu, comme à toi bientôt, s'était fait mon partage ;
    Combien étais-je heureux alors !
Il m'en souvient, ce jour fut le jour où la vie
Me fut la plus heureuse, où mon âme ravie
    S'agitait dans de saints transports.

Oh ! qui me les rendra, ces transports, cette ivresse,
Ces chants de mon amour, et ces cris d'allégresse,
    Interprètes de mon bonheur !
Qui me rendra ces feux, cette lumière vive,
Et ce moment si doux, cette heure fugitive
    D'une aurore chère à mon cœur !...

O mon cher fils, pardonne une ardeur indiscrète :
Ma lyre entre mes mains ne peut rester muette,
    A ce souvenir éternel !
Dans ton bonheur, du mien je recouvre l'image,
Ce bien, conserve-le dans un cœur pur et sage :
    Ce bien-là n'est-il pas le ciel ?

Oui, le sourire aimable aux lèvres d'une mère,
Puis Jésus en nos cœurs pour une fois première,

Voilà, voilà les deux bonheurs
Que la vie offre à tous, voilà ses premiers charmes ;
Plus tard leur souvenir essuiera bien des larmes,
    Calmera bien des douleurs !

A toi donc en ce jour cette coupe enivrante ;
Nous y sommes venus d'une lèvre brûlante
    Puiser le bonheur tour à tour.
Viens aussi, mon cher fils, partager cette joie ;
Vois l'immense bonté que notre Dieu déploie
    Au saint banquet de son amour.

Viens et prodigue-lui tes premières louanges :
Les accents d'un cœur pur sont les concerts des anges.
    Alors, chante-le dans ce jour
Où tes amis et toi, comme un essaim céleste,
Laisserez notre terre à la vertu funeste,
    Pour former sa plus belle cour !

Donne à l'aile des vœux une libre carrière :
Le Dieu qui règne en toi, devançant ta prière,
    Te rend le maître de ses dons :
Oh ! demande qu'un jour le commun héritage
Nous fasse ensemble aimer notre joyeux partage
    Dans les éternelles moissons !...

J.-B. ROZIER.

ODE

A LA FANFARE DE LAFERTÉ-SUR-AUBE (HAUTE-MARNE)

Salut à toi! fanfare ravissante!
Sur ta bannière on y lit tes exploits!
Tout récemment elle fut triomphante,
Au concours de Joinville au Petit-Bois!...
Sois fière encore aujourd'hui de ta gloire!
En célébrant l'avenir du pays;
Tous tes morceaux resteront en mémoire,
De nos aînés et de nos petits-fils!
Les habitants de ton charmant village,
En ce moment en sont émerveillés!
Tous ils s'empressent de te rendre hommage,
Ayant été si longtemps oubliés!

Gloire à ton chef! à ses nobles disciples,
Car ils sont tous pleins de capacité;
J'admire en eux des qualités multiples,
Que l'on approuve avec joie et gaîté!

Honneur enfin! à ta lyre enivrante!
Dont tes doux chants sont tant harmonieux!
Les entendant, une âme tout aimante,
Déjà se croit dans le plus haut des cieux!!!

LALOY.

15 Février 1869.

151

A Mme JULIE ET A Mlle JULIA L***
A L'OCCASION DE LEUR FÊTE

De vos nombreux amis quand je vois le cortége
— Formant autour de vous une garde d'honneur —
Demander avec foi que le ciel vous protége
Et vous fasse agréer mille vœux de bonheur ;

Je ne puis résister au désir qui m'assiége
— Moi le dernier venu comme un humble glaneur —
De venir réclamer le charmant privilége
De vous offrir aussi mon hommage du cœur.

Mais parmi les trésors auxquels le monde aspire
Et les rares vertus qu'on aime et qu'on admire,
C'est en vain que pour vous je voudrais faire un choix :

Car vous avez déjà tous ces biens en partage :
Je ne puis donc pour vous souhaiter davantage
Que de les conserver bien longtemps à la fois.

Arsène Thévenot.

L'EAU ET LE VIN

La mauvaise boisson que l'eau, disait le vin,
Moi je suis le nectar adorable et divin,
Je fais naître l'amour et croire à l'espérance.
— Ingrat... répondit l'eau, tu me dois l'existence !

Évariste Carrance.

Mars 1869.

TOMBE OUVERTE

(ÉCRIT EN 1862)

O ! que ta lyre gémissante
Se couvre d'un voile de deuil ;
Barde, que ta main frémissante
Jette des fleurs sur un cercueil.
Jeunesse enjouée et ravie,
Silence à tes chants ingénus :
Ida vient de quitter la vie,
  Ida n'est plus !...

Encore une tombe qui s'ouvre
Pour engloutir un être aimé ;
La terre maintenant recouvre
Quelque chose d'inanimé....
En vain *Elle* était jeune et belle,
La mort a glacé de son aile
Son front où riait le printemps,
Ses yeux — doux rayons de son âme —
Ont perdu leur sublime flamme,
Sa bouche a souri pour longtemps !...

O ! n'est-ce pas qu'elle était bonne
L'aimable enfant qui dort là-bas ?
Son souvenir est la couronne
Que le temps n'effeuillera pas.
Timide fleur, ombre qui passe,
Rayon qui pâlit et s'efface,
Étoile qui s'éteint aux cieux ;
Ida, la chaste jeune fille,
Repose au fond de la charmille,
Dans le sommeil silencieux.

O ! que ta lyre gémissante
Se couvre d'un voile de deuil ;
Barde, que ta main frémissante
Jette des fleurs sur un cercueil.
Jeunesse enjouée et ravie,
Silence à tes chants ingénus :
Ida vient de quitter la vie,
  Ida n'est plus !...

Eutrope Lambert.

SOUVENIR DES NOCES
DE MON CHER AMI X***, A CLERMONT

C'était au mois de juin ; déjà la nuit venait ;
Notre bruyant Paris partout s'illuminait,
Et je quittais joyeux la somptueuse ville,
Pour enivrer mes sens du calme si tranquille
De nos champs parfumés ! ah ! quitter ma prison,
Respirer le grand air, contempler l'horizon !
Cueillir la marguerite émaillant la prairie,
Voir le soleil levant, fouler l'herbe fleurie,
Tout un monde enchanteur fascinait mon regard ;
Quel plaisir ! de mes vœux je hâtais le départ !
Enfin, j'entends bientôt la puissante machine
Faire, en sifflant, mugir sa bruyante poitrine ;
Et soudain, s'élançant sur les deux rails de fer,
La fumée en festons se dissipe dans l'air !
Tout fuit : hameaux, chalets, gras et frais pâturages,
Riants coteaux boisés, verdoyants paysages.

L'écho redit au loin un long cri de sifflet,
Puis, le frein, en grinçant, nous annonce un arrêt !
Clermont!!!... Voilà Clermont dont le clocher gothique
Se marie au donjon de son castel antique,
Une foule d'amis empressés et fervents,
Attendent inquiets les nombreux arrivants.
Nous descendons; la salle est à peine abordée,
Que je suis dans les bras d'Émile et d'Amédée.
Sur le front du premier, un rayon de bonheur
Trahit, à son insu, les transports de son cœur,
Aussi, pour ses désirs, quel doux instant s'avance !
Quelques heures à peine en marquent la distance :
Car, demain prononçant le serment solennel,
Il cimente, à jamais, le vœu sacramentel.
On se serre la main, on s'étreint, on s'embrasse :
Le futur fait à tous un accueil plein de grâce.
Je reçois de Léon un salut cordial,
Quand j'entends une voix ! Sthéphen le jovial,
L'aimable bout-en-train, à la verve fertile;
Il est là, souriant!!! à son appel docile,
On me voit accourir; puis, nos bras s'enlaçant
Par un chemin pierreux, étroit, raide et glissant,
Nous arrivons aux pieds d'une tour noire et sombre,
Qui projette, sans fin aux environs son ombre.
C'est le vieux châtelier, ce manoir féodal,
Aux créneaux découpés, au portique ogival,
Dont les murs de granit, à hauteur menaçante,
Semblent crier au temps : « ton œuvre est impuissante ! »

Ce site ravissant met trève aux gais propos
Et la brise du soir, nous convie au repos.
Respirons à loisir sous le tremblant feuillage
Et récréons nos yeux de ce beau paysage.

C'est là, des profondeurs de l'antique château
Que retentit l'airain sous le poids du marteau.
A rentrer au logis le beffroi nous invite ;
Allons, sans plus tarder, regagnons notre gîte !
Sthéphen ouvre la marche : et le toit maternel
M'offre les agréments d'un somptueux hôtel.
Déjà la porte s'ouvre et nous livre passage,
Quand, sur le péristyle un bienveillant visage
Attire mon regard. Ses traits calmes, heureux,
Annoncent d'un bon cœur les élans généreux ;
Et son œil où reflète un air mélancolique
Révèle incontinent une âme poétique.
Sur sa lèvre un sourire apparaît gracieux,
Plus doux et plus charmant qu'un chaud rayon des cieux ;
Et Sthéphen d'une voix émue et palpitante
S'écrie, en l'embrassant : « à toi ma bonne tante ! »

Mais, il faut renoncer à tant d'émotions ;
Nous sentons du sommeil les obligations ;
Et bénissant bientôt la couche hospitalière,
Notre œil appesanti se ferme à la lumière.
Déjà nous commençons, seul but de nos souhaits,
A goûter du repos les enivrants bienfaits ;
Et des songes légers les bizares caprices
Nous bercent mollement de souvenirs factices.
Quand tout à coup, Sthéphen éveillé, brusquement
Sent son lit affaissé sous un long craquement !
Il veut se retenir ; mais, bah ! il roule à terre !
M'éveillant, en sursaut, je crois que le tonnerre
Peut produire, lui seul, à cette heure un tel bruit !!!
Ce qui venait, ainsi, nous troubler dans la nuit,
C'était, qui le croirait ? une vis trop usée,
De service incapable et qui s'était brisée !

D'un fou rire comment modérer tout l'éclat?
Je voyais mon Sthéphen en si piteux état!
Un choc si violent l'ayant changé de place
Il restait étendu, roulé sous la paillasse.
Tout le lit disloqué lui retenait les bras;
Ses pieds s'embarrassaient dans les plis de ses draps:
Partout désordre affreux! comment se mettre en quête?
Ici, le traversin; plus loin, le serre-tête;
Jusqu'à ce meuble urgent, en butte au sot caquet,
Dont les débris épars gisaient sur le parquet!
Mais, le plus difficile était le sauvetage!
Il fallait éviter le plus faible tapage!
Au-dessus, au-dessous, de tous côtés l'on dort;
Dans la chambre voisine, ah! comme on ronfle fort!
Tel, un vent contenu voulant rompre sa chaîne,
Mugit, impétueux dans la forêt prochaine;
Tel, on entend un bruit ronflant, capricieux,
Soudain sortir d'un antre obscur, mystérieux!
C'était le jardinier dont l'haleine puissante
Imitait de Stentor la voix retentissante.
Mais, hélas! qui pourrait démêler ce chaos?
Car, sous son matelas, étendu, sur le dos,
Sthéphen est invisible et devient introuvable!
Il me supplie en vain d'un ton fort lamentable;
Il appelle au secours: puis, sa voix s'affaiblit!
Quand je sens s'agiter entre les bois du lit
Une main qu'il me tend. Alors, quelle allégresse!
D'un bond je la saisis, et, vite je m'empresse,
Comprenant que c'est là, son espoir, son salut
A retirer Sthéphen. De ce triste début
J'ai gardé souvenir; puis, en dépit des hôtes,
Tous les deux nous rions à nous briser les côtes!!!

Notre bruyant voisin nous fut d'un grand secours,
Dans cette hilarité, Genlis (1) ronflait toujours !
Par nos efforts communs le lit remis en place,
Bientôt de ce désordre il ne reste plus trace :
Le sommeil jusqu'alors de nos yeux déserteur,
Nous gratifie enfin d'un repos enchanteur !

Déjà, depuis longtemps avait paru l'aurore
Que nos profonds soupirs se répondaient encore !
Telle fut cette nuit, prélude d'un beau jour
Dont je n'ose espérer à jamais le retour !!
Puisse le charme exquis de sa douce influence
Embellir mes accents d'une vive nuance.
Ma muse qui, parfois, s'essaie à bégayer,
A narrer ces splendeurs, enfin, va s'essayer.
Tout s'anime à Clermont, en ce beau jour de fête,
Et, pour y prendre part, déjà chacun s'apprête.
On s'aborde en riant, partout propos joyeux.
Un bonheur infini se peint dans tous les yeux ;
La cloche retentit ; et sa voix métallique,
Propage encore au loin l'allégresse publique.

Mais, pourquoi cet entrain, ces rubans et ces fleurs ?
Pourquoi ces frais atours, ces brillantes couleurs ?
Un habit galonné !!! C'est pour un mariage !
Et cette expansion est l'heureux témoignage,
Que rend la ville entière à sa plus chère enfant.
Voyez-la s'avancer !!! Son air est triomphant ;
Son œil lance des feux ; tout ce qui l'environne
Applaudit sur son front de voir une couronne.

(1) Genlis, est le nom du jardinier.

Sa démarche est hardie et son noble maintien
Promet à son époux le plus ferme soutien.
Aussi, de tous ses traits déborde la tendresse ;
Il ne peut maîtriser la ravissante ivresse
De voir que tant de grâce, enfin, s'attache à lui
Et viendra, sous son toit, implorer son appui.
Quel beau jour ! heureux couple où la vive jeunesse
S'allie aux doux attraits de grâce et de noblesse !
Qui n'admire, à l'envi, ce bouquet d'oranger,
Ce voile gracieux dont le tissu léger
Encadre de ses plis un visage angélique,
Tout empreint de douceur, de charme séraphique !

Bientôt à la mairie on va joyeusement
Où les nouveaux époux prononcent le serment.
Puis, tous étant présents, de par monsieur le maire,
Acte est dressé, signé par devant le notaire.
Mais après ce devoir que nous prescrit la loi
Il faut se rendre au temple où l'on prouve sa foi.
Dieu réclamant sa part, comme auteur de tout être,
Va descendre bénir, par la main de son prêtre,
Ces enfants bien-aimés, ce couple qui le craint.
Ils ont franchi déjà les marches du lieu saint ;
Et l'orgue d'où s'échappe en longs flots l'harmonie
Annonce en joyeux sons cette cérémonie.
Aux pieds du maître-autel richement décoré
Le ministre de Dieu, de l'étole paré,
Offre pour les époux le divin sacrifice.
Élevant vers le ciel la victime propice,
Il implore pour eux la grâce du Seigneur.
Par un sublime élan du fond de chaque cœur
Monte vers le Très Haut une ardente prière,
Et les vœux réunis de l'assistance entière,

Par les anges portés vers le trône éternel
Descendent sur ce couple, au moment solennel.
O spectacle enchanteur, touchant et magnanime!
Quand deux cœurs s'appelant par un désir intime
Et nouant à jamais le fortuné lien,
Sont alors pénétrés du sentiment chrétien!
Viennent les sombres jours où l'âme en léthargie
Est soumise à l'épreuve et perd toute énergie,
Ils sont prêts : l'un et l'autre, en ce jour plein d'espoir,
Ont puisé dans leur Dieu la force du devoir.
Le prêtre a récité les oraisons du rite,
Au nom de l'Éternel, l'union est bénite;
Et les vœux prononcés, le symbolique anneau
Qu'échangent les époux vient y mettre le sceau.
Puis, le couple béni, fend rayonnant la foule
Qui, se mettant en marche, à leur suite s'écoule,
Comme un ruban soyeux qu'ondulerait le vent
Le cortége apparaît, les époux vont devant.
Chacun accourt alors, pour voir passer la file
Qui va, se déroulant et traverse la ville.
Devant un écusson, on s'arrête au retour,
Écusson d'un notaire annonçant le séjour;
Au bruit des chants, des cris, bientôt s'ouvre la porte
Qui donne libre accès à l'aimable cohorte.

On respire, en entrant, les fumets du festin;
D'y voir son nom écrit tout convive est certain.
Sous des bosquets touffus les tables sont dressées;
Les fleurs de la saison en guirlandes tressées,
Aux mets, venant mêler leurs suaves odeurs,
Rehaussent du repas les magiques splendeurs.

De ma place, je vois le vénérable père
Montrer à tout venant une amitié sincère;

Une joie ineffable illumine son front ;
A son flatteur accueil chacun de nous répond.
Et cette heureuse mère, au cœur plein de tendresse,
Qui de notre présence à tous fait politesse,
Je la vois souriante ; en ce jour solennel,
Elle donne aux époux le baiser maternel.
Pour moi que le destin, depuis longtemps, éloigne
Du pays que j'aimais, un bonjour me témoigne
Bien doux attachement ; on me serrant la main,
Ont fait vibrer en moi tout sentiment humain.

On réclame silence ; alors un vrai poète
Des élans de son cœur veut être l'interprète ;
Il chante d'une sœur la vertu, la beauté,
La grâce de l'esprit, et surtout la bonté.
Il dit les jours heureux de leur plus tendre enfance,
Jours où l'on méconnaît et l'intrigue et l'offense.
La vie était alors un jeu continuel !
Ils s'aimaient d'un amour parfait et mutuel.
Pour tous deux même part aux caresses du père,
Mêmes soins délicats de la plus tendre mère !
Plus tard, lorsque le cœur commence à se former,
Et que, sans but certain, il bat, avant d'aimer,
Il trouvait près de lui cette amie assurée
De son affection l'éternelle durée.
Mais, de ce saint amour dont il était jaloux
Le fil vient de se rompre en faveur d'un époux.
Les trésors de ce cœur, un autre les possède !
Il vient prendre sa place ; il faut qu'il la lui cède !
Non ! désormais pour eux tout deviendra commun,
Les trois cœurs réunis déjà n'en forment qu'un ;
Entre eux règne à jamais l'accord le plus sincère
Car le nouveau venu répond au nom de frère !

Il dit : De toutes parts des vivats chaleureux
Ont accueilli soudain ses accents généreux.
Le repas se termine et la table est déserte.
Pour courir dans les bois, une place est offerte
A chaque promeneuse, et dans les chars-à-bancs
Au souffle du zéphyr voltigent les rubans.
On crie, on rit, on chante un joyeux répertoire
Qui, le père Bugeaud, qui, le défunt Grégoire ;
Et de nombreuses voix reprenant le refrain
Chacun est excité par le plus vif entrain.
En songeant au dîner cette bande folâtre
Désire abandonner cet imposant théâtre.
Le soleil disparaît sur le versant du mont ;
C'est l'heure du retour.... Tous regagnent Clermont !

Sous les lambris dorés d'une salle riante,
Chacun de nous à table aussitôt s'oriente,
Formant un cercle étroit autour des deux époux :
De les fêter en chœur, tous se montrent jaloux ;
Et le verre à la main, on trinque et l'on présage
Félicité parfaite à si gentil ménage.
Ce murmure enchanteur circulant dans les rangs
Réjouit, de nouveau, le cœur des bons parents.
Je comprends ce bonheur ; qui n'a, dans sa carrière,
En reportant, parfois, ses regards en arrière,
Éprouvé tout l'attrait de quelque émotion ?
Rien n'est plus éloquent qu'une sensation !
Aussi, voyez le père, en ce jour d'allégresse,
Il semble redoubler de zèle et de tendresse
Pour ce fils qu'il chérit. Répondant à ses soins,
Le fils est glorieux, nous en sommes témoins,
De prouver son amour à l'auteur de son être.
La mère, dans son cœur sent, tout à coup, renaître

Pour ce fils, l'ornement et l'espoir de ses jours
Cette ardente amitié qu'une mère a toujours.

Comme à table, jadis, le pratiquaient nos pères,
A la ronde, on entend le joyeux choc des verres.
La mousseuse liqueur délectant le palais
Succède au vieux Bourgogne, au fameux Bordelais.
D'un éclat flamboyant tout le jardin scintille,
Mille feux suspendus festonnent la charmille,
Et le bleu firmament réfiétant leurs circuits,
Fait rêver aux splendeurs des mille et une nuits.
D'un instrument chéri la joyeuse cadence
Invite la jeunesse aux ébats de la danse.
Un essaim de dentelle envahit le salon,
Comme la feuille au vent roule dans le vallon.
On tourbillonne ; et puis on chante la romance ;
Sitôt qu'une est finie, une autre voix commence.
Un comique, à son tour, nous peint le désespoir
D'un homme malheureux qui perdit son mouchoir !
Mais, de nouveaux accords, tout près, se font entendre ;
La troupe, pour valser, ne se fait pas attendre,
Déjà le moissonneur va dans le champ fleuri
Pour coucher sous sa faulx le blond épi mûri ;
Déjà, l'horloge, au loin, sonne la troisième heure,
Quand chacun satisfait regagne sa demeure.
De ce jour qui s'envole et de tant de plaisir,
Il restera, pour nous, un bien long souvenir !...
Là-bas, Paris m'appelle ; amis, je dois m'y rendre,
A demain le travail et la tâche à reprendre !

Mais, je dois cesser d'être un simple chroniqueur ;
Il me reste à payer une dette de cœur.

Mille actions de grâce à mon aimable hôtesse,
Tous mes remercîments à ses bons soins j'adresse;
Et les vœux que je fais pour elle en ce moment
Sont un faible retour de son accueil charmant!
Ma vive affection à vous est accordée,
Charles, Léon, Émile et Sthéphen, Amédée,
A vous, mes chers amis, qu'en un seul je confonds,
Mes souhaits empressés, mes souvenirs profonds;
Rappelons-nous ce jour, pour que rien ne l'efface,
A vous tous de mes vers j'offre la dédicace.

Mais, des jeunes époux, mes vœux en sont garants,
Je dois remercier les bienveillants parents.
A-t-on jamais admis, avec autant de grâce,
L'étranger qui, chez eux, vient tenir une place ?
Quand ils savent si bien un ami recevoir,
Reconnaître un bienfait lui devient un devoir.
Chaque jour, à toute heure, aussi, je me rappelle
L'aimable attention, et l'excès de leur zèle.
Recevez, chers parents, mes souhaits chaleureux,
Et puissé-je vous voir encor longtemps heureux !

J.-B. Rozier.

20 Avril 1869.

164

LE DÉSESPOIR D'UN PÈRE

O mort! fatale mort! je brave ton courroux
Et ne crains plus pour moi la fureur de tes coups.
Pour mon cœur n'as-tu pas raffiné la souffrance?
Ne m'as-tu pas ravi ma plus chère espérance,
Mon fils, mon tendre fils, doux fruit de mes amours?
Et c'est lui qui devait consoler mes vieux jours.
Je l'ai vu se débattre, ô douleur infinie!
Contre les noirs tourments d'une rude agonie,
Je le tenais pressé dans mes bras frémissants,
Sans pouvoir de ta rage arrêter les élans,
Quand soudain son regard se fixa dans ma vue :
Il me disait adieu de la rive inconnue!
O vous, funèbres lieux! entr'ouvrez vos tombeaux,
Que je le voie encore pour adoucir mes maux,
Ce corps inanimé réduit en pourriture!...
Que je partage au moins sa noire sépulture
Et palpe de mes mains ces restes précieux!
Dont l'âme a pris l'essor pour monter vers les cieux,
Et jouir du bonheur que Dieu donne à ses anges.
Que ne puis-je à mon tour augmenter leurs phalanges!
Oh! ne m'épargne plus, frappe, cruelle mort,
Abrége les tourments que m'a créés le sort;
Frappe, j'attends tes coups, que j'aille en l'autre vie,
Que la fatalité sur moi soit assouvie!
Depuis mes tendres ans elle a suivi mes pas,
Qu'elle achève son œuvre et ne m'épargne pas.
La sève de mes jours s'est convertie en larmes
Et contre le malheur je ne trouve plus d'armes.
De sinistres pensers viennent troubler mes nuits...
Je n'ai plus d'avenir!... il était en mon fils!...

Je marche à tout hazard et sens faiblir mon être,
J'ai vu de toutes parts le bonheur disparaître,
Je ne puis surmonter le cruel abandon
Qui s'empare de moi, qui trouble ma raison.
Je reste anéanti, mon âme est en délire,
Mes yeux sont pleins de pleurs, mon cœur toujours soupire ;
Mon cerveau s'affaiblit, ma poitrine est en feu,
Je suis comme un maudit qui blasphème son Dieu,
Oh ! cruel désespoir, cache moi le suicide,
Au lieu de me montrer son action perfide,
Image qui sourit à mes accès nerveux
Et met sous mon regard mille projets honteux.
Arrière, laisse-moi, surmonter ma misère
Et terminer en paix mes jours sur cette terre.
N'ai-je pas combattu par d'insignes efforts
Tes conseils infernaux donnés dans mes transports ?
J'ai su forcer mon cœur d'oublier ce qu'il aime
Le refoulant toujours jusqu'au fond de moi-même,
Pour ne pas succomber sous le perfide attrait
Qui versait dans mes sens l'égarement complet.
Toi bienfaisant oubli, viens fermer ma blessure,
Ah ! viens me délivrer de ma rude torture,
J'erre triste et mourant comme un pauvre proscrit
Qui n'attend désormais que l'éternelle nuit.

MAXIME PHILIPPE.

Eure.

TROIS VERRES DE BORDEAUX

Dans un joyeux banquet dont j'ai triste mémoire
A côté d'Isabeau, le sort m'avait placé,
Yeux louches, nez camard, bouche immense et peau noire
Voilà dans un seul vers son visage tracé.

Son humeur répondait à sa triste figure
Que bons plats et bons vins, seuls, pouvaient dérider,
A table, elle savait remplir outre mesure
Son assiette, son verre, et surtout les vider.

Par malheur, entre nous, était une bouteille
De *Bordeaux*, le meilleur qu'ait produit le raisin,
Qui d'un monstre hideux ferait une merveille
Pour qui le sablerait auprès d'un tel voisin.

Le premier verre bu, jugez de ma surprise!
Les deux yeux d'Isabeau me semblèrent d'accord,
Son nez se redressa, sa peau parut moins bise
Et sa bouche sourit moins grande que d'abord.

Je lampe un second verre et je la vois parée
Des grâces qui sortaient de la dive liqueur,
Puis un troisième, hélas! et mon âme égarée
Sollicita sa main en lui livrant mon cœur.

Elle devint ma femme : Oh! depuis cette époque,
J'ai pris Bacchus en haine et la vigne en horreur,
Je ne bois plus de vin, son odeur me suffoque
Et l'aspect d'un flacon me remplit de terreur!

La vérité n'est pas dans le jus de la treille,
Et si, les Grecs, jadis la logeaient dans un puits
Morbleu! je le sais trop, au fond d'une bouteille
On la trouve encor moins, comme j'ai vu depuis.

Pour choisir une femme il faut un œil sévère,
Il faut à la raison emprunter son flambeau;
Mais si pour sa lunette on veut prendre son verre
On risque, ainsi que moi, d'épouser... Isabeau!

J. Petit-Senn.

Suisse.

MON PÈRE

A MA MÈRE

S'il est vrai que des morts les âmes immortelles
Descendent quelquefois des hauteurs éternelles,
Pour visiter, sans bruit, les âmes d'ici-bas,
Où donc es-tu, mon père, alors que je t'appelle?
Alors que je revois la maison maternelle,
Mon père, où donc es-tu quand je ne te vois pas?

Oh! dis-moi, serais-tu sous cet épais feuillage
Dont la voûte touffue embellit le rivage

Où nous aimions à nous asseoir?
Ton ombre serait-elle errante dans ces plaines
Que fécondent les vents de leurs chaudes haleines..
Viendrais-tu parmi nous sur les brises du soir?

  As-tu les ailes du zéphyre,
  Pour regard un rayon du ciel?
  Et quand ma faible voix soupire
  Les airs que la muse m'inspire
  A la gloire de l'Éternel,
  Jusqu'à moi daignes-tu descendre,
  Sans quitter l'immortel séjour?
  Comme autrefois viens-tu m'entendre,
  Quand je chante des chants d'amour?

Oui, j'aime à me bercer de ces douces images :
J'aime, lorsque le jour arrive à son déclin,
A te chercher des yeux au sein des blancs nuages,
Ou sur le char brillant des astres du matin :
  Dans le courant de l'onde pure
  Je t'entends comme un doux murmure;
Dans le chant de l'oiseau, comme un écho divin :
Si je cueille des fruits, c'est toi qui me les donnes,
Si je tresse des fleurs, je t'en fais des couronnes;
Je te vois près de moi, dans les bois, sur les mers,
Je te vois sur les monts, partout dans l'univers.
Quand pourrai-je te voir, sur une lyre d'or,
Mêlant ta douce voix aux douces voix des anges,
Faire monter sans fin ces concerts de louanges
Que l'Éternel écoute et qu'il écoute encor?
Qu'il me tarde de fuir ces régions de larmes,
Où règnent les ennuis, les craintes et la mort!
Qu'il me tarde d'aller dans ces lieux pleins de charmes
Où, loin des ouragans, je trouverai le port!

O mon père! ô mon tendre père!
Si tu m'aimes toujours prends donc pitié de moi!
Adresse donc à Dieu ta fervente prière!
Pour que j'aille bientôt me réunir à toi!

J.-B. ROZIER.

STANCES A LA RICHESSE
A MON PÈRE

I

Si j'étais riche, à tous je voudrais dire :
Venez! venez! vous êtes mes amis.
Pauvres honteux, je vous verrais sourire,
En ma maison vous seriez tous admis.
Les orphelins formeraient ma famille,
Plus de chagrins! je ferais des heureux,
Si j'étais riche, avec cet or qui brille
Et Dieu m'aidant, je serais généreux.

II

Quand la fortune errant sur cette terre
A dispersé son immense trésor,
Elle enrichit le riche millionnaire,
Appauvrissant le pauvre au triste sort.
Mais ignorant notre humaine faiblesse,
Elle bannit surtout l'égalité;
Si j'étais riche, oh! j'aurais ma noblesse
Et mon blason serait la charité.

III

Apparais-moi ! fortune que j'implore !
Découvre donc le bandeau de tes yeux !
Déesse encor plus belle que l'aurore,
Répands sur moi tes flots d'or radieux !
Sois libre enfin, l'avare t'emprisonne,
Confiante, viens diriger ma main,
Le pauvre te tressera ta couronne,
Et riche enfin, je serai riche humain.

EDMOND POTIER.

On pourra se procurer la musique chez M. Alp. Leduc, éditeur, a Paris, 35, rue Lepelletier.

A MON FRÈRE

L'Océan nous sépare, ô mon aimable frère,
L'Océan ce barbare a raillé ma douleur,
Mais lorsque le soir vient ramener la prière
Ton souvenir béni, vient occuper mon cœur.

A. DE LOBEL.

Gironde, mai 1869.

MUSES, RÉVEILLEZ-VOUS
A Mme JULIE FERTIAULT (AUTEUR DU *Poème des Larmes*.

Oh ! déjà les oiseaux voltigent dans les branches,
Et font monter vers Dieu les notes de leurs chants ;
Là-bas, les verts buissons se couvrent de fleurs blanches,
Les blés des laboureurs grandissent dans les champs.

Au toit natal déjà retourne l'hirondelle
Pour retrouver le nid qu'elle y bâtit pour nous,
De sa course un instant reposer, là, son aile....
Déjà le printemps vient; muses, réveillez-vous!

Dans le ciel tout d'azur sourit la belle aurore;
A ma Provence, Dieu donne son beau soleil,
Et puis le blond ramier sait, de la tour sonore,
De la nature entière annoncer le réveil.
Les parfums de nos fleurs vont embaumer l'espace;
Dans son antre l'hiver enchaîne son courroux.
Tout chante, tout renaît; un souffle d'amour passe....
Oh! voici le printemps; muses, réveillez-vous!

La colline revêt sa robe de verdure;
Les alpestres senteurs courent le long du val;
Du bocage renaît la charmante parure
Et pour lui le ruisseau promène son cristal.
A l'abri des berceaux des pins de la montagne,
L'oiseau forme son nid des duvets les plus doux.
Déjà des chants joyeux montent de la campagne....
Le printemps est venu; muses, réveillez-vous!

Vous avez toujours su donner au simple barde
Le sourire divin qui fait battre son cœur,
Et sur son front, des cieux, où toujours il regarde,
Fait descendre le flot d'un souffle inspirateur!
Vous faites résonner le clavier de son âme,
Devant l'œuvre de Dieu fléchir ses deux genoux,
De son sein s'échapper de longs rayons de flamme....
Pour lui, tout ce printemps, muses, réveillez-vous!

DENIS GINOUX.

Bouches-du-Rhône.

LA FILLE D'UN PROSCRIT DE 1793

A MES ENFANTS, EDGARD ET ROGER DU BERNET

Dans une salle antique et simplement meublée,
Les murs endommagés des traces de fumée,
Se trouve d'un proscrit la douce et chère enfant,
Qui, quoique jeune encor, voit le sort qui l'attend.
« Vous le voulez, mon Dieu ? je fais ce sacrifice !
» Mais, aussi, le voyant, soulagez mon supplice ! »
Dit-elle, toute en pleurs ; alors, de noirs pensers
Vinrent troubler, encor, tous ses esprits glacés.
Et l'enfant, dans ses mains, cacha son doux visage,
Quand, de son avenir, se découvrit l'image....
— L'horloge du château vint à frapper minuit :
Marie, avec ardeur, s'agenouilla sans bruit ;
Au Fils de l'Éternel elle unit sa prière,
Invoquant, à la fois, la vierge tutélaire,
A qui la confia sa mère en se mourant,
Lui léguant, pour toujours, son espoir, son enfant.
Elle pria, d'abord, dans l'ardeur de son âme,
Pour son père chéri, objet pur de sa flamme,
Puis, elle offrit, à Dieu, les maux que son pays
Allait faire peser sur de pauvres proscrits :
« Jésus, si son départ à ma triste patrie
» Pouvait rendre l'espoir, la paix, la liberté,
» Je me soumets, en tout, à votre Majesté,
» Et vous offre, pour lui, les pleurs de sa Marie,
» Ne l'abandonnez pas ; sans vous que ferait-il ?
» Et trouvez bon, Seigneur, que je suive en exil,
» Celui que mon cœur aime, ainsi qu'on aime un père,
» Et pour qui, désormais, j'accepte la misère....

» Je l'aiderai, toujours, de mes vœux impuissants :
» Mes armes sont les pleurs, la prière et l'encens! »
Alors, elle se tut; et sous un doux sourire,
Sous un air de gaîté, déguisa son martyre
Mais le proscrit, rentrant, comprit bien ses alarmes,
A travers ce sourire il vit briller des larmes!
Le temps était venu; lui fit tous ses adieux,
Et, seul, voulut partir, hélas! pour d'autres lieux!
Marie, en gémissant, dit, alors, à son père :
« Vous ne serez pas seul sur la terre étrangère. »
Et, bientôt, au lieu d'un, l'on put voir deux proscrits,
S'éloigner, à pas lents, de leur ingrat pays....
— Rien ne leur souriait, sur cet autre rivage
Dont l'aspect, à lui seul, abattait leur courage.
Ils errèrent, longtemps, sous son ciel bleu si pur,
Mais dont tout, à leurs yeux, en ternissait l'azur :
Tout aussi les portait vers leur Guienne aimée,
Lorsqu'ils voyaient venir certains jours de l'année :
(Ils vivaient éloignés d'un mausolée béni,
Qui renfermait un cœur bien pleuré, tant chéri!)
Et, tous deux, ils versaient de bien amères larmes,
Qui pouvait, en ces jours, diminuer leurs alarmes?...
Douze ans, douze ans d'exil, oh! le cruel destin
Lorsqu'on n'a pas l'espoir d'en voir jamais la fin!
Marie, en repassant les forfaits de la France,
Et pour mieux retracer l'auguste ressemblance,
Ainsi que le Sauveur, si cette enfant pleura
On entendit ces mots : « Oh! mon Dieu, guidez-la!
» Triste et noble patrie! » ajouta-t-elle encore;
Puis reprenant sa lyre à la corde sonore,
Sur ce doux instrument erraient ses doigts distraits,
Et l'enfant répéta le vœu pur de la paix !

Ainsi qu'un arbrisseau qu'a penché la tempête,
Marie, en ses deux mains, laissa courber sa tête,
Et de ses cheveux brillants s'échappèrent des pleurs.
Le ciel prit en pitié les amères douleurs
De cet ange, exilé de sa belle patrie,
Car la Vierge de Jésus dont elle était chérie,
Pria sere l'Éternel de suspendre ses maux,
Et lui fit goûter un calme et doux repos.
Jéhovah écoutait la royale prière,
Dissipa les maux de la France guerrière,
Alors, la reine errant, gagna son cher pays !
Lore, elle invoque, encor, le protecteur des lis…

M. du Bernet.

L'ESPOIR VAINQUEUR

A MON FILLEUL ALBERT G....

Espérer et prier avec persévérance :
Dans l'épreuve espérer, prier dans la souffrance,
Attendre, l'œil au ciel, tel est notre devoir,
Et Dieu regarde au cœur qui prie avec espoir.

Nous priâmes pour lui, vous le savez, ô mère,
Et ce fut comme un baume à sa douleur amère.

Accepte, ô mon filleul, cet humble souvenir
Que tu liras plus tard si pour toi l'avenir,
Porte ouverte aujourd'hui, peut-être demain close
Conforme à nos souhaits en ta faveur dispose.

C'est pour toi que j'écris : — Tu n'avais que deux ans ;
Légère pour venir, aux pas lourds et pesants
Pour s'en aller, un jour la maladie arrive
Et te saisit, cruelle, intense et progressive.
Tu souffrais jour et nuit, car le mal triomphant
Ne prend point en pitié même un petit enfant.
Chaque jour tes parents, les amis de ton père
Venaient te visiter ; sur les bras de ta mère,
Maigre, pâle, défait, ton corps jadis si beau
Semblait fait maintenant de l'ombre du tombeau.
Tes lèvres et tes yeux des sourires qu'on aime
N'offraient plus le tableau ; ton visage était blême.

« Espérons et prions » disaient comme un seul cœur
Tous nos cœurs réunis... et l'espoir fut vainqueur !...

Si tu savais, Albert, combien est douce l'âme,
Combien est grand le cœur de cette chère femme
Qui lorsqu'un grave mal s'acharne autour de nous
S'empresse, pleure et tombe en prière à genoux,
Tu dirais : — Cette femme, oh ! c'est là notre mère !
— Oui, c'est elle ; et c'est elle à qui Dieu dit : Espère.

J'ai vu la tienne, Albert, pâle et ne dormant pas,
La nuit comme le jour te portant sur ses bras.
Et pour ces tendres soins donnés à ton enfance,
J'aimerais à te voir plein de reconnaissance.

Henri Pissot.

Bernolet, près Jarnac.

UNE OMBRE

> J'ayme alors que je suis aymé.
> MALLEVILLE.

Oui je l'aimais, ma charmante alarmée,
Oui, j'avais mis à ses genoux ma foi ;
Oui je l'aimais, et mon âme charmée
Ne demandait qu'à vivre sous sa loi.
Oui, j'ai senti dans un jour de délire,
Sous un regard de son brillant œil noir,
Vibrer d'amour les cordes de ma lyre,
Et j'ai chanté mon rêve et mon espoir.
Mais cet aveu ne doit point, adorée,
Ombrer ton front d'un seul soupçon jaloux
Et ternissant ta prunelle dorée
Mettre un seul pleur dans ton œil bleu si doux ;
Non, car jamais *Elle* n'a su comprendre
Qu'amour ne veut en échange qu'amour ;
Jamais son cœur pour mon chant le plus tendre
N'a su trouver un seul mot de retour ;
Comme un enfant, dont la main indiscrète
En se jouant fane une belle fleur,
En quelques jours, jeune fille coquette,
Elle a flétri cet amour dans mon cœur.

L. LAMB.

Var.

ACROSTICHE

A BLANCHE DE BARITAULT DU CARPIA, COMTESSE DE FAYOLLE

Malgré les jours sans fin, d'une cruelle absence,
Ah! que nos cœurs, jamais, ne cessent de s'aimer!
Tandis qu'un rêve d'or nous berce d'espérance,
Hélas! notre bonheur ne fait que s'éloigner.
Il faut nous résigner; quoique tout nous sépare,
Le nœud, qui nous unit, ne saurait s'affaiblir;
D'ailleurs, il est un jour, que le ciel nous prépare
Et qui doit, vous savez, *ma sœur*, nous réunir!

A LA MÊME, POUR SA FÊTE

DEUX LISERONS ENTRELACÉS

Ainsi que ces deux fleurs, notre amitié durable,
Saura tendre, toujours, à resserrer ses nœuds;
Comme elles, soyons *sœurs*, ce lien me semble aimable,
Et peut seul exprimer l'amour de toutes deux!

M. DU BERNET.

L'AMITIÉ

A M. JOULIN

C'est le chaste soupir d'une âme
Qui, lasse de l'isolement,
Recherche un cœur plein de sa flamme
Pour s'y reposer mollement

Au sein d'un doux embrassement.
Oui, lorsque deux cœurs se ressemblent
Par des rapports connus des cieux,
Bientôt des nœuds mystérieux
Les unissent et les rassemblent,
Et tout entre eux est de moitié.
Cher Joulin! telle est l'amitié;
Sentiment, libre d'égoïsme,
Sans bassesse et sans vanité,
Sublime jusqu'à l'héroïsme
En gardant la fidélité;
Qui, pour embellir notre vie,
Des Marc-Aurèle et des Titus
A chaque moment nous convie
D'imiter les nobles vertus;
Qui sait partager nos alarmes,
Prévenir nos moindres désirs,
D'une main essuyer les larmes
Et de l'autre offrir des plaisirs.
Active, désintéressée,
Elle ne s'affaiblit jamais,
Applique toujours sa pensée
A distribuer des bienfaits;
Et s'il advient que la fortune
Ne couronne plus ses efforts,
Sans pousser de plainte importune,
Cher Joulin! on la voit alors,
De son bras et de sa parole,
Baume suave qui console,
Soutenir encor tous nos pas,
Et, pour nous servir, au trépas
En souriant elle s'immole!

Paris, 25 mai 1869.   J.-B. ROZIER.

179

UN VERTIGE

> . . . .
> Le spectre est effrayant. Il entre dans la salle,
> Jette sur tous les fronts son ombre colossale.
> VICTOR HUGO.

I

O Dieu! quelle douleur me torture et m'oppresse?
Quelle nuit m'environne et trouble ma raison?
Hélas! c'est le trépas, l'heure de la détresse!
C'est de l'horrible mort le sinistre frisson!

Je la vois avancer, silencieuse et roide,
Me laissant lentement soupirer et souffrir!
Elle glace mon sang par son haleine froide;
C'en est fait! plus d'espoir! bientôt je vais mourir!!

II

Mourir! lorsque la vie apparaît souriante!
Lorsque mon jeune cœur palpite et veut aimer!
Seigneur! pourquoi briser cette coupe enivrante,
Que mes lèvres venaient à peine d'effleurer?

Mourir! ne plus penser, ne plus agir ni vivre;
Cesser de contempler l'œuvre du Créateur!
Ne plus voir l'aigle fier s'élever, ne plus suivre
Son vol audacieux dominer la hauteur!

Ne plus rêver le soir, au bord de la falaise,
Bercé par la chanson du joyeux batelier;
N'entendre plus le bruit, de l'Océan qui baise,
La rive qui frémit sous ce géant altier!

Ne pouvoir plus chanter sur ma lyre timide,
Ces nobles libertés qui caressent le cœur!
Étouffer les accents de mon âme candide,
Ne plus rêver, de gloire et de bonheur !

III

Je croyais, insensé! au plaisir sans nuage,
A la gloire immortelle, à la sainte amitié,
Je voyais l'avenir comme une folle image,
Et la mort vient à moi! cruelle et sans pitié !

Hélas! je vous ai vus ainsi que dans un songe,
O mes chers souvenirs! pauvres illusions!
Adieu! tout ici-bas n'est que regret! mensonge :
Vos enivrants parfums cachaient d'amers poisons !

Adieu! gentille Agnès, symbole d'espérance,
Trésor! bien précieux! ange de charité!
Je vais attendre au ciel, la fin de ta souffrance;
Pour aimer nous aurons, là-haut l'Éternité !

Plus de jours écoulés en tendres tête-à-tête;
Plus d'amoureux projets, de chastes émotions,
A d'autres le bonheur, les plaisirs et les fêtes;
Il me faut vous laisser. O saintes affections !

IV

Quand le printemps revient égayer tous les êtres,
Couvrir la terre d'or, de verdure et de fleurs;
Quand l'hirondelle fait son nid sur nos fenêtres,
Je quitte le printemps! l'hirondelle!... Je meurs!

Chassés par le soleil, ce bienfaiteur du monde,
L'hiver et ses frimas sont déjà loin de nous,
Et le seigneur répand, la lumière féconde,
Sur l'univers ému qui l'implore à genoux !

O langage sublime ! O cantique ineffable !
Élevez-vous au ciel en un suave accord ;
Chantez, chantez toujours, ce concert admirable,
Adoucissez pour moi, la souffrance et la mort.

v

Mais que vois-je ! Seigneur ?... dans la voûte céleste
Apparaît tout à coup un ange radieux !...
Il éloigne de moi... le fantôme funeste !
Et de son bras charmant fait signe vers les cieux !...

L'ange s'approche encor... sa figure enfantine
Dirige sur la mienne un regard bienveillant ;
Mais il reprend son vol vers la route divine
Et disparaît soudain à mon regard tremblant.

Pour célébrer son nom, Dieu m'accorde une trêve,
Le calme bienfaisant succède à ma terreur ;
O merci doux Seigneur ! car ce n'était qu'un rêve !
Je toucherai mon luth avec plus de ferveur !!

J. FERAUD.

Mars 1869.

DÉSESPOIR

A Mme BLANCHE FABRE

Adieu, tel est le mot qui sur ma bouche expire,
    Je pars et sans retour
Gaîté, jours de bonheur, ivresses et sourire
    Vous n'aurez eu qu'un jour !

Le destin me frappa de ses terribles armes,
    Fit mon cœur se serrer
Et vous dirai-je vrai ? je n'avais plus de larmes
    Quand je voulus pleurer.

Chantez ! riez démons ? noirs esprits des ténèbres
    Dans votre antre embrasé ?
Sautez en rond, dansez, des macabres funèbres
    Mon bonheur est brisé !...

Que Lucifer pour roi, votre cour soit en liesse ?
    Que vos corps calcinés
Se tortillent de joie et pâment d'allégresse
    Vous n'êtes pas damnés.

Car sur la terre aussi nous possédons des flammes
    Que vous ne savez pas.
Elles brûlent les cœurs et consument les âmes
    Les damnés sont en bas.

Rallumez vos flambeaux ! recommencez la danse
    Bravo roi Lucifer !
Car ce n'est pas chez vous qu'existe la souffrance
    C'est ici qu'est l'enfer !...

JULES PIQUENEL.

ÉPITRE A M. THOMAS
OFFICIER DU GÉNIE
MON NOBLE ET CHER AMI DE COLLÉGE

Dans le cœur de tout homme est un penchant inné.
L'homme vers son semblable en secret incliné,
Sans l'appui qu'il demande et qu'il rend à ses frères,
Ne supporterait pas le poids de ses misères.
Insensé qui prétend enfouir dans son sein
Le secret du bonheur ou celui du chagrin!
Fou qui reste à l'écart pour dévorer ses craintes,
Et n'a pas une oreille où déposer ses plaintes!
Si je puis, accablé de tristesse ou d'effroi,
Me dire : « Il est un cœur qui s'intéresse à moi,
Un seul! » C'en est assez, et ce mot me console.
L'homme est si peu de chose aussitôt qu'il s'isole!
Libre d'illusions, contre elles affermi,
Le sage retiré, s'il n'avait point d'ami,
Dans cet isolement trouverait son supplice;
Et le méchant lui-même a besoin d'un complice.

Mais ce pur sentiment qu'on appelle amitié,
Qui ne fait qu'un seul tout d'une double moitié,
Qui, sur l'épine humaine a jeté tant de roses,
Comme dans ses degrés est divers dans ses causes :
Un élan généreux, un hasard le produit;
D'un bienfait délicat il peut être le fruit;
Il naît de procédés, de soins et de services,
D'un accord de vertus et quelquefois de vices,
Souvent d'un doux instinct rapide à s'allumer,
D'une voix qui nous dit : « Voici l'instant d'aimer! »
Mais les mêmes périls, les mêmes infortunes,
Mais de communs plaisirs et des peines communes.

Au moment où l'étude entr'ouvre son trésor,
Forment un nœud plus ferme et plus durable encor.
Dans cet âge naïf où nul art ne déguise
Les premiers mouvements d'une aimable franchise,
Où l'âme se dévoile en toute liberté,
Des désirs innocents en leur conformité
Font naître sans effort ces douces sympathies,
Que le temps en son vol ne peut voir amorties.
Ami, n'est-il pas vrai? Ne garderons-nous point
Le respect éternel de la foi qui nous joint?
Trente ans en ont déjà cimenté la puissance.
Jours trop vite écoulés de notre adolescence,
Que votre douce image est douce à ressaisir!
Tout nous était commun, argent, peine et plaisir,
Tout, jusqu'à l'espérance, et jusqu'à cette envie
De nous faire un beau nom, d'honorer notre vie.
Nous n'en redoutions pas les hasards orageux.
Au signal désiré du repos ou des jeux,
Nous allions près des fleurs, par nos mains cultivées,
De nos oiseaux chéris visiter les couvées,
Épier les transports de leurs jeunes amours
Et rêver le bonheur promis à nos beaux jours.
Que nous avons caché d'entretiens pleins de charmes!
En nos yeux attendris que d'innocentes larmes,
Quand, lassés de nous perdre au lointain avenir,
Nous arrêtions le vol d'un heureux souvenir!
Que le temps coulait vite à parler de nos mères!
Et comme, sous les yeux de nos argus sévères,
Le travail nous semblait doux, facile et léger,
Quand le nom maternel venait l'encourager!

Mais des soins de l'étude et de sa paix profonde
L'âge vint nous lancer au tourbillon du monde.

Des devoirs différents qu'il fallut s'imposer
Le joug impérieux ne put nous diviser.
Il ne nous rendit point l'un à l'autre infidèle ;
Il sembla resserrer la chaîne fraternelle ;
Et, lorsque ta valeur t'entraînait dans les camps,
Rapprochant la distance et des lieux et des temps,
Nos lettres voyageaient rapides messagères
Des rives de mon Rhône aux rives étrangères.
Sans doute, quelquefois, sur la terre endormi,
Réveillé, tout à coup, par le bronze ennemi,
A l'aspect de la mort, l'âme émue, attendrie
Par ces mots d'amitié, de France, de patrie,
Si doux, si consolants, si chers sous d'autres cieux,
Mes lettres n'étaient pas sans attrait à tes yeux ;
Et moi, quand je lisais en tes lignes rapides
La victoire fidèle à vos bras intrépides,
Et l'ennemi fuyant devant l'aigle vainqueur,
Un mouvement d'orgueil faisait battre mon cœur.

O qu'il est doux d'aimer ! d'estimer ceux qu'on aime !
Qu'il est doux devant eux de s'oublier soi-même,
D'être gai de leur joie, heureux de leur bonheur,
D'aider à leurs succès, d'y mettre son honneur,
De veiller sur leurs noms, de les garder d'offense,
De n'en avoir jamais négligé la défense,
Et, quand de leurs besoins la voix nous appela,
D'avoir à tous leurs vœux répondu : « Me voilà ! »
Le refus d'un ami devient presqu'une insulte :
Aimer, c'est obéir : l'amitié, c'est un culte.

Mais ce culte à son risque, il offre ses dangers.
Il est tant de cœurs faux et tant d'amis légers,

L'AMANT DES FLEURS

SONNET DÉDIÉ A Mlle GABRIELLE DE POLIGNY

J'aime la rose blanche et la frêle églantine,
Le lis dont le parfum pénètre dans nos cœurs ;
J'aime le bouton d'or qui naît sur la colline ;
J'aime les champs, les bois, la nature et les fleurs.

Oh ! que j'aime à cueillir dans ma course enfantine
La tendre violette aux suaves senteurs,
Surtout quand du hameau la clochette argentine
Appelle à leur sillon les joyeux laboureurs.

Dieu fait croître la fleur pour les âmes sensibles ;
Un jour il l'embellit de charmes indicibles
Pour l'enfant, le rêveur, la vierge de seize ans.

Il confie à son sein des mystères étranges,
Des secrets aussi purs que les secrets des anges
Et des soupirs d'amour qu'embaume le printemps.

Prosper-Marie Gouésigou.

CAZEAUX
SUICIDÉ

Jeune, beau, plein de vie, à l'âge où l'espérance
Sourit et tend ses bras contre votre souffrance,
Où l'on rêve de tout, où l'on pense aux amours,
Où l'on boit à longs traits la coupe de ses jours,

Où les yeux éblouis vous voyez sous les voiles
Scintiller tout à coup pour vous seul deux étoiles,
Qu'une robe, un seul mot fait battre votre cœur,
Qu'un bouquet, un écrit vous donnent le bonheur;
A l'âge heureux enfin où la vie est un songe,
Où tout paraît bonheur, rien ne paraît mensonge;
A cet âge tu crus tout mauvais ici-bas,
Tu pris ta vie en main et puis tu la brisas.
Qu'as-tu fait, mon ami? quelle était ta folie?
Briser ainsi nos cœurs! vouloir changer en lie
Le vase plein de miel que buvaient tes parents!
Oh! quel démon jaloux veillait à tes moments!
Quoi, cet être si bon, buvant par tous les pores
La vie et la beauté, deux divins météores;
Prodiguant en tous lieux son esprit et son cœur;
Jeune homme près duquel on devenait meilleur,
Quoi, passé, disparu, mort et mort par lui-même!

. . . .

France! un de tes enfants dans la mort s'est jeté,
Paris! un de tes fils a fui dans son été,
Ne le maudissons pas, unissons nos prières;
Laissons couler nos pleurs sur ses heures dernières.

PROSPER-MARIE GOUÉSIGOU.
Caporal d'infirmerie.

FABLE

Après l'averse, deux canards,
Francs nazillards, francs grenouillards,
Peu soucieux du rôle d'ange,
Clopinaient gaîment dans la fange
D'une rigole faite *ad hoc.*

« Sales gamins ! » pensait un coq.

Ainsi soit-il ; mais le beau sire,
Ai-je besoin de vous le dire,
S'était, lui coq, tout le premier
Perché sur un tas de fumier.

Henri Blanvalet.

Suisse.

PENSÉES

Si chétif qu'il soit un écrivain doit avoir pour but d'être utile : honte à ceux qui abusent de leur plume pour créer des œuvres nuisibles à la société !

Respecter les droits d'autrui c'est un devoir ; les proclamer, c'est justice ; les défendre, c'est courage.

J.-Dominique Goddet.

Seine-et-Oise.

LE CORPS ET L'AME

1er MAI

Deux dames, la mère et la fille,
Pour respirer l'air pur des champs,
S'étaient, par un jour de printemps,
Assises près d'une charmille
Quand vint une affreuse chenille
Ramper sur leur cher passe-temps.

Ma mère, oh! la vilaine bête,
Qu'elle m'a causé de frayeur.
Chassez ce monstre plein d'horreur;
Plutôt écrasez-lui la tête....
Vous hésitez, qui vous arrête?
Ah! je comprends, c'est votre cœur.

— Mon cœur ne veut point de victime.
— Quoi! cet être horrible, imparfait!
— Sa laideur est-elle un forfait?
C'est là, mon enfant, tout son crime;
Mais serait-il bien légitime
D'anéantir ce qui déplaît?

Non, non, conservons-lui la vie.
A quoi nous servirait sa mort?
Je veux m'attacher à son sort,
Oui, pour satisfaire une envie;
Et vous verrez, ma chère amie,
Si j'ai raison ou si j'ai tort.

8 MAI

Elle est dans sa coque enfermée :
Tissu de soie ou de coton ;
Mais de cette étroite prison,
Bientôt pour la fleur parfumée,
Elle en sortira transformée
En un volage papillon.

15 MAI

Ma fille, admirez la merveille
Que Dieu daigne offrir à nos yeux ;
Cet insecte noir, tout poudreux,
Et d'une laideur sans pareille,
Au souffle de Dieu se réveille
Aussi beau qu'il était hideux.

Cette image, d'un autre monde,
N'est point un mirage trompeur ;
C'est la promesse du Seigneur :
Et comme une source féconde,
Elle jaillit puis nous inonde
Et d'espérance et de bonheur.

Mais livre ton cœur à la joie,
Charmant papillon velouté,
Tu renais pour l'éternité.
Agite tes ailes de soie ;
Retourne à celui qui t'envoie ;
Pars, je te rends la liberté.

Louis Godet.

L'EXILÉE

A Mme LA COMTESSE DE BARITAULT, NÉE DE CALVIMONT, EN
SOUVENIR DE SA FILLE

Tout reposait, encor, dans la campagne,
Déjà, pourtant, l'écho de la montagne,
Retentissait de soupirs douloureux :
Sur l'humble seuil d'une pauvre chaumière,
Un jeune enfant, dans les bras de sa mère,
En sanglotant recevait ses adieux :
« Tu vas partir, pour la rive étrangère,
» Ma pauvre enfant, hélas! tu vas partir!
» Dieu, tout-puissant, écoute ma prière,
» Veille sur elle et daigne la bénir!
» Dirige-la, dans ce fatal voyage,
» Hâte, Seigneur, le moment du retour!
» Pars, mon enfant, et ne perds pas courage,
» Dans le pays tu reviendras un jour.
» O seul appui de ma pénible vie,
» Reviens, bientôt, te presser sur mon cœur! »
« — Hélas! adieu, toi ma mère chérie,
» En te quittant, je n'ai plus de bonheur! »
Puis, cheminant vers la sombre vallée,
Le cœur rempli d'un cruel souvenir ;
Loin du Piémont, malheureuse exilée,
Elle croyait n'avoir plus qu'à mourir....
Deux ans après, le cœur plein d'espérance,
La pauvre mère, aux premiers feux du jour,
Les yeux fixés du côté de la France,
De son enfant attendait le retour.
Chaque matin, à cette même place,
On la vit seule implorer le Seigneur ;
De ses regards, interrogeant l'espace,
Elle voyait, toujours, fuir son bonheur.

La pauvre enfant, loin de sa chaumière,
Avant l'été, se vit bientôt mourir,
Et, dans ses bras, la malheureuse mère,
Jamais, hélas! ne la vit revenir.

M. du Bernet.

NOS CYCLOPES
CHŒUR

A M. JOSEPH GAUDET

Pan, pan, pan, pan *(bis)*
Le fer rougit dans la fournaise;
Pan, pan, pan, pan *(bis)*
A l'enclume! allons qu'on se taise!
Frappons à briser le tinpan.
Pan, pan, pan, pan!

I

Arrière, aux fils de la mollesse!
La fatigue ici nous conduit;
Le travail fait notre richesse;
Du marteau nous aimons le bruit.
Et, quand de la lave écumante
Se durcit l'airain des combats,
Dans nos cœurs la gloire fermente,
Et ses périls sont nos ébats!

II

Si la guerre a pour nous des charmes,
Nous chantons les arts et la paix;
Après le tumulte des armes,
Du repos disons les bienfaits!

La puissante locomotive
Court sur ses deux lignes de fer;
Le soc de la charrue avive
Nos champs, délaissés en hiver!

III

Tous, nous t'aimons, riche industrie,
Apanage du travailleur;
Par toi nous servons la patrie,
Quoiqu'en dise l'esprit railleur.
En toi nous mettons notre gloire;
Car en changeant le fer en or,
Nous remportons une victoire
Plus précieuse qu'un trésor!

J.-B. ROZIER.

Seine.

UN RÊVE DE MA JEUNESSE

A LA MÉMOIRE DE MON PÈRE

Muse, prête à ma voix des charmes enchanteurs,
Que par toi mes accents pénètrent tous les cœurs;
Allume dans mon sein une grâce sublime,
Une force, un éclat, une ardeur qui l'anime;
Pardonne si de fleurs j'orne la vérité,
Et répands dans mes vers une aimable clarté.

Je me trouvais un jour dans cette solitude,
Où ne pénétra point la pénible inquiétude,
Dans ce séjour de paix, où le tumulte affreux
Ne vint jamais trouver le repos bienheureux,

Dans ce désert charmant, témoin de ma naissance,
Où passèrent les jours de ma première enfance.
Quel était mon plaisir en contemplant rêveur
Ces bois, ces prés fleuris où règne le bonheur !
Voyant autour de moi cette belle nature,
Ces fontaines coulant avec un doux murmure,
Mille sortes de fleurs ornant les tapis verts,
Dont les bords d'un ruisseau se trouvaient tous couverts,
Ce tendre et bel agneau qui bondit sur l'herbette,
Et ces troupeaux rangés autour de la houlette,
Combien mon âme alors bénissait son Sauveur,
De toutes ces beautés le divin Créateur !
Seigneur, toi qui créas et le ciel et la terre,
Pourquoi d'un jour si pur inonder ma paupière ?
Ah ! c'est que ta bonté veut que dans ce séjour,
Je puisse jouir encor de mon dernier beau jour.
Hélas ! les noirs soucis à la fleur de mon âge,
Sont venus dans mon cœur, l'ont couvert d'un nuage :
Accablé, tourmenté par eux à chaque instant,
Je vais vers le tombeau, là l'espoir seul m'attend.
La mort, oh ! non la mort, pour moi n'est point cruelle
Puisqu'elle me conduit vers une fin si belle :
Et lorsque jeune encor il me faudra mourir,
Vous me verrez joyeux rendre un dernier soupir.

Je parcourais ainsi la campagne fleurie,
Pensant aux durs chagrins qu'on éprouve en la vie :
Enfin je vins m'étendre à l'ombre d'un ormeau,
Près duquel serpentait un limpide ruisseau.
Bientôt le doux sommeil vint planer sur ma tête :
Mes sens étaient liés, une paix très parfaite
Inondait tout mon cœur. Un ange au vol léger,
Du royaume de Dieu céleste messager,

Tout à coup dans les airs apparut à ma vue.
Étonné, je le vis, qui, du haut de la nue
Dans son rapide vol se dirigeait vers moi.
Mon âme émue alors frémit d'un saint effroi.
Ce ministre tenait une arme flamboyante,
Il était revêtu d'une robe éclatante,
Le visage serein, les yeux pleins de douceur,
Tout en lui respirait innocence et grandeur.
Lorsqu'il fut près de moi, sa voix se fit entendre
Et prononça ces mots de l'accent le plus tendre :
« Cher enfant, me dit-il, regarde vers les cieux,
» Là se trouve un palais, séjour délicieux,
» Habité par tous ceux que le Seigneur appelle,
» Où bientôt tu vivras d'une vie éternelle.
» Oui tes jours sont finis, bientôt tu vas mourir,
» Et monter vers le ciel pour n'y jamais souffrir.
» Là, tu verras de Dieu la splendeur éclatante ;
» Là, la félicité surpasse ton attente. »
Il dit, puis aussitôt disparut à mes yeux,
En me laissant ravi de ce discours heureux.
Mais ma muse bientôt se réveille et murmure
Ses derniers adieux à toute la nature :
Vous que je chérissais, il faut donc vous quitter ?
Vers un autre séjour le temps va m'emporter.
Adieu, tous mes amours, agréables bocages,
Solitaires forêts ; adieu rochers sauvages !
Non, je ne verrai plus ces folâtres ruisseaux,
Mes plus chers compagnons, ni ces tendres agneaux.
Adieu, champs que j'aimais, admirable nature,
Prés émaillés de fleurs et couverts de verdure !
Humbles vallons, adieu ! vous m'avez vu souffrir,
Sous le poids de mes maux vous me verrez mourir.

Et toi, de mes malheurs la compagne fidèle,
Il te faut me quitter ; au séjour qui m'appelle
Nous nous réunirons auprès de notre Dieu :
Calme donc ta douleur, ne pleure point, adieu !

Triste et infortuné j'ai vécu sous les cieux ;
Mais aujourd'hui je meurs, et la mort à mes yeux
Est un don du Seigneur qui de notre misère
Veut rompre tous les liens ; la fin de ma carrière
Approche à chaque instant, vers un monde plus beau,
Digne objet de mes vœux, vers un astre nouveau,
Dont l'éclat tant vanté, dont la splendeur efface
Le soleil radieux qui passe et qui repasse,
Mon âme libre enfin bientôt s'envolera
Pour jouir à jamais du Dieu qu'elle adora.

L. PICHEREAU.

Seine.

UN SAINT MARTYR

A M. L'ABBÉ BELLEMIN

> *Bonum certamen certavi.*
> J'ai combattu un bon combat.
> II. TIM. IV, 7.

Honneur à toi, noble victime,
Dont le courage magnanime
Brava le glaive et les lions !
Que tout proclame ta victoire :
Que l'auréole de la gloire
Te couronne de ses rayons.

Quel calme a suivi la tempête
Dont les coups menaçaient ta tête !

Te voilà pour jamais au port.
Que ton sort est digne d'envie !
L'amour t'a fait trouver la vie
Dans le sein même de la mort.

Héros que rien ne peut abattre,
Oh ! que j'aime à te voir combattre,
Sur les pas du Souverain Roi !
Comme tu sais, toujours fidèle,
Retracer le divin modèle
De tous les héros de la foi !

Malgré la rigueur des supplices,
Ton cœur, enivré de délices,
S'abandonne aux plus doux transports.
L'amour ardent qui te dévore
Voudrait mourir, et vivre encore,
Pour souffrir encor mille morts.

En vain tout l'enfer se déchaîne :
Brave sa fureur et sa haine ;
Foule aux pieds ses infâmes dieux ;
Lasse tes bourreaux et leur rage :
Soldat du Dieu vivant, courage !
Tu vas bientôt régner aux cieux.

Triomphe, ô martyr intrépide !
La terre où ton âme réside
N'est plus la terre des douleurs :
Tu jouis du bonheur des anges :
Tu chantes, comme eux, les louanges
Du Dieu qui sèche tous les pleurs.

Quand les morts, au bruit des trompettes,
Troublés dans leurs sombres retraites,
Tout à coup se réveilleront :
Tes os, éclatants de lumière,
Se lèveront de la poussière,
Et pour jamais ils fleuriront.

Saint héros que la terre honore,
Puisse le peuple qui t'implore
Partager un jour ton bonheur !
Que tes cicatrices brillantes,
Comme autant de voix éloquentes,
Conjurent pour nous le Seigneur.

J.-B. ROZIER.

10 Mai 1869.

L'ENTERREMENT D'UN PETIT OISEAU

Au pied d'un arbre où son nid flottait,
Pour un oiseau qui chantait,
La veille encore, un chant d'espérance,
Avec ses doigts un enfant en pleurs
Creuse une fosse au milieu des fleurs
Que le vent du soir balance.

Dans un chariot traîné lentement
Par une blonde au minois charmant.
Le mort repose.
A celle-là le printemps sourit :
Et le défunt a pour dernier lit
Une rose.

Un petit chien suit ce cercueil ;
En jouant il conduit le deuil,
    Naïve créature !
Tantôt il chasse un papillon,
Tantôt vient flairer l'oisillon
Et puis repart à l'aventure.

La fosse est prête à le recevoir,
L'oiseau pour qui les souffles du soir
Sont comme un adieu — mélancolique.
De ses ailes alors — la blonde enfant
Détache une plume, — et soupirant,
    Se pare avec cette relique.

Le jeune garçon donne un baiser
Au chanteur muet, laisse glisser
    Les restes dans leur tombe,
Et sur le tertre avec une fleur
    Son dernier pleur
        Retombe.

Léandre Brocherie.

Mayenne.

FIN D'AUTOMNE
ÉLÉGIE

L'automne va finir et mon âme alarmée
Voit les feuilles tomber, déjà je suis leur cours :
L'hiver aux noirs frimas s'étend sur la vallée
Et vient glacer en moi, le reste de mes jours !

Qu'ils étaient beaux ces jours et lorsque jeune et belle
J'allais d'un pas léger courir dans les vallons ;
D'une folle gaîté imitant la gazelle,
Franchissant les ruisseaux et sautant les sillons.

Aujourd'hui je le sens mes forces m'abandonnent,
Comme un faible roseau, le vent me fait plier,
D'un orage prochain mes oreilles bourdonnent
Et la brise déjà courbe le peuplier.

Quel est donc ce doux bruit ?... pour moi si plein de charmes,
Des sons harmonieux vibrent dans tous mes sens....
D'où vient qu'en ce moment je sens couler mes larmes !
Ah ! puis-je encor goûter vos suaves accents ?

Oh ! non !... Cessez vos chants et votre doux murmure
Hôtes de nos bosquets et soupirez tout bas ;
La nature est en deuil ! et la fraîche verdure
Sous le givre est cachée attendant le trépas !

Quoi ! je n'entendrai plus la voix de Philomèle
Et ses accents si purs ?... mais tout s'évanouit !
Les champs sont dépouillés, la nature chancelle
La sève disparaît... la rose se flétrit !

Tout tremble, tout frémit ! tout pâlit et frissonne.
Aquilons déchaînés : calmez votre fureur ?
Cessez, vents furieux ?... que la fin de l'automne
Vienne d'un dernier jour, apaiser la rigueur !

Édouard Le Breton.

STANCES SUR LA MORT DE Mlle IDA N***

Fais silence, ô cloche mutine ;
Gentils oiseaux, ne chantez plus ;
Saluons l'aurore argentine ;
La nuit réclame ses élus.
La douce fleur de la prairie,
Comme une rose épanouie,
Échappe bientôt à nos yeux :
Et l'ange beau comme l'aurore,
La fleur qui paraissait éclore,
Hier, a pris la route des cieux.

Prions sur la tombe bénie,
Qui recouvre tant de douleurs ;
Prions pour la fille chérie,
Qui repose, hélas ! sous ces fleurs !
O ! belle jeunesse flétrie,
Peux-tu sitôt être ravie,
Du sein de l'amour maternel !...
Sois bénie, ô fleur couronnée ;
Tu t'enfuis trop tôt moissonnée ;
Que ton bonheur soit éternel.

FRÉDÉRIC VERNOU.

Charente.

SI TU VOULAIS

Femme si tu voulais, comme un timide esclave,
J'obéirais toujours à tes moindres désirs,
Je serais le gardien de ta beauté suave,
Et je partagerais tes peines, tes plaisirs.

Je mettrais sur ton front rayonnant de jeunesse,
La couronne de fleurs d'un époux dévoué,
Tu deviendrais alors, l'objet de ma tendresse,
Et le plus pur des biens dont Dieu m'aurait doué !

Au milieu des lilas, près d'une onde limpide,
Nous choisirions le nid de nos douces amours,
Et nous vivrions heureux, loin du monde perfide,
Où ta vertu rencontre un écueil tous les jours.

Nous verrions notre union, par le Seigneur bénie....
Puis nos jolis enfants, frais et pleins de candeur,
S'ébattre follement sur l'herbe épanouie,
Et remplir le foyer de calme, de bonheur !

O viens puisque l'amour en cette heure suprême
Nous verse l'espérance et la chaste gaieté,
Viens mon ange à genoux je te dirai : je t'aime,
Viens calmer mes douleurs ô ma douce beauté.

J. FERAUD.

UNE CERISE

A Mme J.-B. ROZIER

Elle se cache parmi les feuilles de sa branche: le vent l'agite, et la laisse voir comme un diamant suspendu par un fil d'or dans un bouquet d'émeraude. — Son épiderme lisse et pourpré luit sur sa chair veloutée, et, au travers, on peut voir le réseau de veines effilées où courent les sucs savoureux qui la nourrissent. Qu'elle est belle, quand le vent la découvre, et la laisse voir comme un diamant suspendu par un fil d'or dans un bouquet d'émeraude !

Cependant, jadis, ce n'était qu'un imperceptible bouton, sorti, comme la feuille stérile, de l'écorce du rameau ; mais la sève printanière circule et bouillonne dans tous les pores de l'arbre : elle afflue jusqu'au bouton qui s'enfle et se développe, et déjà c'est une fleur épanouie. Sur son pédoncule allongé, ses sépales protègent ses cinq pétales blancs qui s'ouvrent en rose, et les étamines, aux anthères dorées, se pressent autour du pistil. Elle brille de son plus vif éclat, la poussière s'envole, et la fleur est fécondée ; dès lors elle pâlit, se fane et tombe.

Mais voyez !... un fruit comme une perle verte la remplace. Chaque jour il se gonfle et grossit ; sa peau brille et se nuance de bandes de pourpre.

Quelques rosées et quelques soleils ont passé sur elle, et maintenant le velours et l'incarnat se marient pour l'embellir. Elle se cache parmi les feuilles de sa branche ; le vent l'agite, et la laisse voir comme un diamant suspendu par un fil d'or dans un bouquet d'émeraude !

Mais, avant que sa chair plus molle et sa peau plus noire annoncent son dernier jour, que deviendra-t-elle, pauvre solitaire ? Peut-être le bec de quelque oiseau l'emportera, pour la livrer en proie à sa nichée affamée ; peut-être elle se verra perdue, elle simple fille de la nature, sur quelque table opulente, au milieu de mets pompeux et des richesses des arts ; peut-être quelque enfant, dans ses jeux vagabonds, la saisira-t-il en passant.

Heureuse, si elle peut voir les rides sillonner sa peau si lisse maintenant, si elle peut tomber au pied de son arbre, et y cacher son noyau sous un peu de terre, pour renaître au printemps prochain, jeune tige, à côté de son vieux père !

J.-B. ROZIER.

L'AVARE

Adorable fortune !
Seule reine ici-bas ;
Pour tes divins appas
D'une ardeur peu commune
Je brûle, aussi, ma brune,
Je m'attache à tes pas.

Permets que je repose
Un instant sur ton sein,
Que ma bouche ou ma main
Cueille bouton de rose
Ou fleur à peine éclose
Aux baisers du matin.

Ne sois pas trop cruelle,
O mes chères amours !
Je t'aimerai toujours,
Car ma flamme nouvelle
Sera, dis-je, éternelle
Comme l'astre des jours.

Louis Godet.

LA FRATERNITÉ LITTÉRAIRE

Venez nobles enfants que la muse encourage,
Venez mêler vos voix à nos modestes voix,
De ce brillant concours vous aurez en partage
Un accueil fraternel pour prix de vos exploits.

Qui de vous aux beaux jours, ô bardes de la France
Ne s'élancera pas au sein de l'avenir;
Vos cœurs remplis d'amour et de douce espérance,
Aux nôtres croyons-le viendront se réunir.

Comme un brillant flambeau qui descend dans notre âme
La noble poésie est un baume des cieux,
Elle imprègne l'esprit d'un pur et saint dictame,
Et répand dans les cœurs un parfum précieux.

Arthur Letur.

LA FLEUR DU PRISONNIER

ALLÉGORIE DÉDIÉE A MA MÈRE

Petite fleur, ma fidèle compagne,
Chaque matin, tu réjouis mon cœur;
Je crois revoir la riante campagne,
Berceau chéri de mes jours de bonheur.
Je me souviens du temps de mon enfance,
Mon cœur ému vole vers le passé,
Et me livrant à la douce espérance,
Je songe encor au bonheur éclipsé !
Mais quand, le soir, te touchant de son aile,
Ton front s'incline et cache ses couleurs,
Petite fleur, ma compagne fidèle,
Alors tu fais renaître mes douleurs.
Hélas! adieu, beau ciel de ma patrie,
Je n'attends plus le bonheur du retour;
Et, loin de toi, ma Provence chérie,
Mon cœur gémit et pleure chaque jour.

Ne flétris pas, ô plaintive pensée,
Pour mon bonheur, embellis sous mes yeux ;
Dernier trésor d'une âme délaissée,
Rends moins cruel ce séjour ténébreux.
Pour effacer les douleurs de l'absence,
Et m'arracher à mon destin fatal,
Rappelle-moi la douce souvenance,
De mon hameau, de mon pays natal.
Petite fleur, oh ! franchis la distance,
Va-t-en, là-bas, annoncer mon retour ;
Faire oublier les peines de l'absence,
Répands l'espoir dans cet humble séjour.
Je te verrais, alors, fraîche et brillante,
T'épanouir aux feux du jour naissant,
Près de ce lac, où ma mère tremblante,
Vient quelquefois songer à son enfant.
Ah ! dis-lui bien de reprendre courage,
Que le bon Dieu lui rendra ses beaux jours,
Et, qu'avec toi, sous ce paisible ombrage,
Je reviendrai pour y rester toujours !

M. DU BERNET.

ODE

SUR MA RETRAITE D'INSTITUTEUR PRIMAIRE

Courbé sous un rude esclavage,
Je m'en suis enfin retiré !
Gémissant d'un affreux veuvage,
Et d'un pouvoir le plus outré !

209

J'ai rejoins mon petit village,
J'y vis content, Dieu! quel bonheur!
Imitant le portrait du sage
Toujours je suis instituteur!...

La paix règne dans mon ménage,
Car je n'ai nulle ambition!
Seul dans mon petit hermitage,
Gaîment je chante ma chanson!
Ma muse alimente ma lyre,
Ses doux chants raniment mon cœur!
Amis! tel est mon point de mire,
Toujours je suis instituteur!...

Lorsque non loin de ma fenêtre,
Passe l'ouvrier laboureur;
Je lui joue un air tout champêtre,
Et le salue avec honneur!
Puis, l'emmenant dans ma chaumière,
J'offre à cet homme de labeur,
Soit du pain, du vin, de la bière,
Toujours je suis instituteur!...

Les petits enfants de l'école,
Parfois, viennent me visiter;
Ils font ma plus belle auréole,
Je ne cesse de les fêter!
Tous je les comble de caresses,
J'imite en cela mon Sauveur!
Ils sont l'objet de mes largesses,
Toujours je suis instituteur!...

Or, adieu donc! mes chers confrères!
Je vous quitte avec grand regret;
Mais il faut régler ses affaires,
Et se tenir tous les jours prêt.
Car, quand l'Éternel nous appelle,
On ne peut plus être farceur;
Il retourne notre prunelle,
Bref! on n'est plus instituteur!!!

LALOY.

Haute-Marne.

STANCES

A M. ÉVARISTE CARRANCE, EN RÉPONSE AU TITRE DE MEMBRE D'HONNEUR
DONT JE VIENS DE RECEVOIR LE DIPLOME

Pour l'honneur dont tu viens de me gratifier
Reçois l'humble tribut de ma reconnaissance.
  Mais comment le justifier?
  Je connais mon insuffisance.

Quelle gloire, pourtant, de savoir que mon nom
S'étale, tout joyeux, parmi des noms célèbres!
  Il vivra de leur beau renom,
  S'il ne peut sortir des ténèbres.

Pays cher à mon cœur, berceau des troubadours,
Au rang des beaux esprits quand tu veux bien m'admettre,
  Mon grand désir sera toujours
  De te voir et de te connaître.

Que ne puis-je, comme eux, vrais amis du progrès,
Faire éclater au loin des torrents de lumière !
    Leurs accents ont un libre accès
    Au château comme à la chaumière.

Un des derniers venus parmi les nourrissons
Des muses, si j'ai droit à beaucoup d'indulgence,
    Je profiterai des leçons
    De leur sublime intelligence.

Par mes efforts, pourrai-je, un jour les égaler ?
A ce but envié me verra-t-on atteindre ?
    Dans un art avant d'exceller.
    On doit douter et toujours craindre !

J.-B. Rozier.

Paris.

LA FAUVETTE
A MA CHÈRE NIÈCE M. D. D'A.

> O vallons paternels ! doux champs, humble chaumière.
> Lamartine.

L'air était pur, belle la matinée ;
Au bord du nid, caché sous l'églantier,
Jeune fauvette, à chaque sœur aînée
Qui s'envolait là-bas dans le sentier,
Disait : « Ma sœur, sous la feuillée ombreuse
On est si bien ! restons encore un peu !
Pourquoi partir ? je ne suis pas peureuse,
Mais à mon nid je n'ose dire adieu !

Vous me parlez de riantes vallées
Pleines de fleurs, de parfums, d'avenir !
Mais de nos sœurs combien y sont allées
Que jamais plus on ne vit revenir !
Oui, comme vous, j'aime ces belles choses
Que vous rêvez ! pourtant j'aime bien mieux
Notre églantier aux purpurines roses,
Et n'ose pas faire au nid mes adieux !

Je crains qu'un jour, quand vous serez parties,
Vous regrettiez ce petit nid charmant
Où, sur le sein d'une mère blotties,
Vous reposiez, sans peur, si chaudement.
S'il est des fleurs il est aussi des cages
Et mère dit que c'est un triste lieu !
L'homme est méchant, le ciel a des orages ;
Non, non ! je n'ose à mon nid dire adieu ! »

Les grandes sœurs de la jeune fauvette
Riant beaucoup de son naïf effroi,
L'une après l'autre, en brillante toilette,
Prirent leur vol, plus heureuses qu'un roi !
Mais vint l'orage.... Et le soir la peureuse
Près de sa mère, en priant le bon Dieu,
Seule, disait : « Combien je suis heureuse
De n'avoir pas à mon nid dit adieu ! »

L. Lamb.

Var.

LE CINQ MAI 1821

ODE PINDARIQUE

A M. LE COMTE DE C.

O peuples, il n'est plus : sa mortelle dépouille
A son dernier soupir qu'un regard de Dieu fouille
    De Sinn fait tressaillir le roc.
Fier Hudson! Elle est froide, immobile, oublieuse
De ce souffle puissant dont elle était heureuse
    Quand elle avait à lutter contre un choc.

Telle au bruit de sa mort, interdite, étonnée,
La terre t'apparaît révolutionnée,
    Muette au glas d'un grand héros.
De l'homme du destin rêvant l'heure dernière
Verra-t-elle un tel pied d'origine princière
    Fouler, sa cendre, en troubler le repos.

Et mon génie alors l'aperçut sur son trône
Étincelant de gloire à sanglante couronne :
    Il se tut, soudain il tomba,
Se leva tour à tour pour s'éclipser encore....
Jamais je ne mêlais ma voix au bruit sonore
    Des mille voix dont retentit Saba.

Par de flatteurs discours comme en un lâche outrage
Ce génie aujourd'hui luttant contre l'orage
    Se lève, tressaille surpris....
La disparition étrange et si soudaine
De si grandes splendeurs à des plaintes l'entraîne
    Il va remplir l'univers de ses cris.

Des Alpes à Djizeh, du Rhin jusqu'en Espagne,
Infaillible vengeur, sa foudre l'accompagne
    Régnant de Scylla jusqu'au Don ;
De l'une à l'autre mer il guide la victoire.
Était-ce donc pour vous la véritable gloire,
    Peuples dupés, et proscrits des Morgon ?

A la postérité ce verdict difficile....
Si pour de vastes plans son âme était subtile,
    Sans Dieu ses traits sont superflux....
Nous, devant l'Éternel inclinons tous la tête :
En cet homme il souffla pour vaincre la tempête
    De son esprit tes ordres résolus.

De desseins orageux ta frémissante joie
Le tourment dont son cours fut l'indocile proie
    En rêvant dominations
L'anxiété d'un chef qui gagne une couronne
Et qui s'arroge un bien qu'un jour il abandonne,
    Que sa folie arrache aux nations.

Il sut tout éprouver. Une gloire plus grande
Après de grands périls, suite où l'orgueil commande,
    Victoires et déceptions ;
Le trône pour l'exil ; deux fois dans la poussière
Deux fois sur les autels, malgré douce prière
    Il est trompé dans ses illusions.

Il se nomma : Vers lui deux siècles se tournèrent
L'un contre l'autre armés et soumis s'obstinèrent

A croire à destin glorieux :
Prescrivant le silence il se pose en arbitre :
Il adjuge à son gré la tiare et la mître
    Le sceptre en main s'asseoit au milieu d'eux.

Il disparaît un jour, une plage déserte
Faite pour le remords et de piéges couverte
    Reçoit du Dieu les derniers jours.
Là, l'indicible objet d'une implacable envie
Il subit d'un tyran la pitié ravilie
    Et d'un bourreau les infâmes détours.

Telle, au milieu des mers la vague s'amoncelle
Du pauvre naufragé sur le corps qui révèle
    Un jouet du flot et du vent,
Lui que lançait au loin hauts et fixés naguère
Les regards indomptés sur la rive étrangère
    Cherchait en vain quelque sûr campement.

Tel dans le même arroi descendit sur cet âme
Le poids des souvenirs. Combien de fois sa flamme
    Le livre à la postérité ;
Combien de fois sa main sur pages immortelles
Aux vivaces couleurs mouvantes mais fidèles
    Tomba traçant un trait incontesté ?

Mais au silencieux déclin toujours sans gloire
Que de fois ses yeux vifs fatigués de victoire
    Tristement baissés sur le sol.
Bras de géant rêveur croisés sur la poitrine,
Il se tint là frappé par la foule mutine
    D'exploits hardis qu'admire le Mogol.

Des vainqueurs il pensait aux villages mobiles
Aux ordres accouplis, aux redoutes hostiles
    Prises à l'éclair des oripeaux ;
Des belliqueux coursiers aux lignes ondoyantes
Et de ses escadrons aux courses foudroyantes
    Qui par des rois lui formaient ses vassaux.

De ta gloire, ô génie ! ô si grande ruine
Ton courage frémit ! car à la voix divine
    Tu te prends à désespérer....
Des millions d'humains les mourantes phalanges
N'ont pas en vain créé « pourquoi tant de louanges,
    Lorsque par toi nous ne faisions qu'errer ? »

Mais du sombre volcan, où d'un trône de laves
Un ignoble geôlier resserrait ses entraves,
    Rugit de joie un noir démon....
Il croyait que toujours d'Albion le Tibère
Au morne Léopard dominerait la terre
    Pour abolir la grandeur de ton nom !

Auguste prisonnier, par ta lente agonie
Ton grand cœur expiait durement sa folie :
    Ta gloire, elle était en lambeaux !
Car le Néron des mers versait dans tes entrailles
Goutte à goutte un poison hâtant tes funérailles ;
De tes aïeux l'ont honni des tombeaux !...

Six lustres ont foulé les traîtres dans la honte ;
Le Judas britannique un coup d'état le dompte

De sa haine te fait vainqueur.
Ton neveu proclamé le soleil de l'histoire
A convoqué l'Europe au ban de ton prétoire
　　Pour être un jour un heureux successeur.

L'immortel conquérant d'une autre dynastie
Voulut aux cœurs Gaulois gagner une amnistie
　　Par un empire universel,
Mais il a compté seul : en vain de la justice
Par de trop longs succès l'on supplante l'office
　　De Jéhovah le règne est éternel!!

César tu triomphas.... La généreuse France
T'a payé chèrement de ta magnificence
　　Les mille somptueux bienfaits.
Deux fois ton nom a pu de l'avide anarchie
La délivrer à temps, mais de sa monarchie
　　Tu lui rendras les honneurs et la paix.

O glorieuse foi! Bienfaisante immortelle!
Qu'à tes anciens succès ce triomphe se mêle!
　　Accueille donc ce Jugurtha.
Plus superbe hauteur de notre humaine sphère
Ne s'incline jamais, ô suave mystère!
　　Devant la honte et l'or du Golgotha.

Repousse loin de lui l'outrageante parole.
L'impérial captif du Dieu qui le console
　　Vint confesser la vérité....
Élohim qui renverse est le Dieu qui relève!...
Sur son grabat d'exil en son mystique rêve
　　Il adora Dieu dans l'éternité.

Honneur à la vertu dans l'âme ensevelie !
Amour à la grandeur par le peuple ennoblie :
　　C'est l'équité qui fait les rois.
Les Louis, les Canut, les Henri, les Étienne
Édouard, Olaüs sont l'exemplaire chaîne,
　　O souverains, qui rappellent vos droits!!

JOHWAMINE DE GROMNOF.

Ain.

A SUA ALTEZZA SERENISSIMA
ALESSANDRO I° GONZAGA
DUCA DI MANTOVA, PRINCIPE DELL' IMPERA

　　Gioia ne' forti
　　Vagheggia il cor,
　　Grandi d'enor
　　Prima che morti.

　　L'embarda Altezza
　　Tingi d'allor
　　Il crine ognor
　　Per *Tua* grandezza.

　　L'orbe *T'*ammira,
　　Nobil signor,
　　Miniro e Cador
　　Per *Te* sospira.

　　Oh Prence! grande
　　Fia del *Tua* cor
　　Pietosa amor
　　Eh! ovunque spande.

E nell' agione
Di *Tua* splendor,
Raccogli ognor
Benedizione.

Gioia ne forti
Vagluggia il cor,
Grandi d'onor
Prima che morti.

Prof. N. Portalupi,
Président des Sauveteurs de Milan.

LES PAPILLONS

J'aime à voir sur les prés les légers papillons
Voltiger, folâtrer, toujours changer de place,
Puis enfin se poser, gracieux tourbillons
Sur l'odorante fleur qui s'étale avec grâce.

Quand de ses rayons d'or Phébus couvre les champs,
Que le ciel est serein et que la brise est molle,
Je suis d'un œil ravi ces insectes brillants
Que l'on prendrait chacun pour une fleur qui vole.

Quel trésor étonnant de beauté, de couleurs,
L'Éternel rassembla sur leurs petites ailes
Capables d'effacer les plus brillantes fleurs,
Les tissus les plus fins, les plus riches dentelles.

Élégants papillons, vous que Dieu fit si beaux,
Accourez contempler dans le miroir de l'onde
Votre éclat plus fini que nos plus beaux tableaux,
Votre parure, enfin, où la richesse abonde.

Voltigez dans les airs, souriez au soleil,
Savourez les parfums du lilas, de la rose ;
Car, hélas ! vous passez comme un songe au réveil
Ou bien comme la fleur où votre pied se pose !...

En vous je reconnais la volage beauté
Qu'assiégent les désirs et les pensers frivoles,
Et dont le cœur léger épris de vanité
Poursuit aveuglément ses espérances folles.

Les atours sont moins beaux que vos légers rubis,
Sa fraîcheur ne vaut pas vos couleurs si brillantes ;
Mais ses vœux, ses souhaits dans son esprit nourris,
Sont plus légers que vous, créatures riantes !...

Jules Sauzet.

Basses-Pyrénées.

ODE
A MON PETIT OISEAU

Dès le matin quand je m'éveille,
Au chant de mon petit oiseau ;
Je l'écoute et prête l'oreille,
Comme un enfant dans son berceau !
Il me ravit par son ramage,
Imitant les rossignolets ;
De tous les oiseaux du bocage,
Il les surpasse en triolets !...

Il me ranime en mon veuvage,
Par ses charmants gazouillements ;
Seul, dans mon petit hermitage,
Il me récrée à tous moments !
En l'entendant je vis tranquille,
Et Dieu sait, combien d'heureux jours !
Je passe aussi bien qu'à la ville,
Chantant Bacchus et les amours ! !

Toujours, dans sa cage il voltige
Quand il me voit joyeux, content !
Il me semble que je l'oblige,
Alors que je suis indulgent !
Sitôt les cordes de sa lyre,
Font gonfler son gosier divin ;
A peine voit-on s'il respire,
Au milieu de son gai refrain !...

Voici, surtout, ce qui m'enchante,
C'est de le voir me regarder ;
Sa voix magnifique et perçante
Droit à mon cœur vient aborder ! !
Alors une joie excessive,
Le fait à l'instant tressaillir ;
Ma muse en devient plus active,
Au point de ne jamais faillir ! ! !

LALOY.

1er Mai 1869.

TOAST

PRONONCÉ AU REPAS DES NOCES DE M. N. G.

Messieurs, puis-je, à mon tour, réclamer la parole,
    Pour fêter les jeunes époux ?
Si mes vers ne sont pas de la meilleure école,
    Vous serez indulgents pour nous.

Sur leurs fronts radieux plaçons une couronne,
    Ce doux symbole d'union ;
Et que de jours sereins le bonheur, la fleuronne,
    Sans aucune interruption !

Tous deux nés pour s'aimer, unis par la tendresse,
    Nous conservons le ferme espoir
Qu'ils sauront partager ces beaux élans d'ivresse
    Qu'inspire un mutuel devoir !

En cette occasion et flatteuse, opportune,
    Honorons, aussi, les parents !
Deux familles, jadis, n'en font déjà plus qu'une ;
    Leurs vœux seraient-ils différents ?

Chers convives, buvons à la double alliance
    Des sentiments, de l'amitié ;
Dans ce constant bonheur ayons tous confiance :
    Participons-y de moitié !

Mais, je vois parmi nous des mamans, de bons pères
    Qui viennent bénir ces enfants ;
Qu'ils comptent de longs jours enviés et prospères,
    Comme eux nous serons triomphants !

J.-B. Rozier

24 Février 1869.

MAI

A M. ÉVARISTE CARRANCE, PRÉSIDENT DES CONCOURS POÉTIQUES
DE BORDEAUX

Voici le mois des poètes
Des papillons et des fleurs,
Le doux mois des amourettes
Et des timides rêveurs.

Allez, ô fière jeunesse
Folâtrer dans les buissons.
Mai sourit à votre ivresse,
Mai sourit à vos chansons.

Voici l'heure où l'on se grise
D'espérance et de bonheur,
C'est l'heure où la folle brise
Vient parfumer notre cœur.

C'est le doux mois qui soupire,
Le mois ravissant et pur
Où la terre est en délire,
Où le ciel est tout azur.

Tout bénit et tout murmure,
L'hirondelle est de retour,
Mille voix dans la nature
Parlent d'espoir et d'amour.

Car c'est le mois des poètes,
Des fleurs et des amoureux,
Le mois des plus chastes fêtes
Que la terre donne aux cieux.

CLAIRE CARRANCE.

Mai 1869.

APPEL AUX POÈTES

4me CONCOURS POÉTIQUE
OUVERT A BORDEAUX

SOUS LES AUSPICES DE

M. ÉVARISTE CARRANCE

Président d'honneur des Sauveteurs de Saône-et-Loire, du midi d'Italie, de Milan, membre de l'Institut de Gèneve, etc.

Répandre l'instruction, éclairer les masses, ennoblir l'esprit, purifier le cœur, tel est le but que nous voulons atteindre.

Que tous, grands ou petits, nous aident dans l'accomplissement de cette œuvre humanitaire.

Que les noms vaillants de ces apôtres du devoir qui se nomment Victor Hugo, Michelet, Janin, Feuillet, Dumas, nos Présidents d'honneur, soient inscrits en lettres d'or sur notre drapeau décentralisateur.

Que par nos efforts incessants la poésie, cette incarnation sublime de l'esprit, jette dans le cœur de tous les hommes la grandeur, l'honnêteté, et cette liberté sage qui marche à la conquête du beau, du bien et du vrai.

* *

Le 4me Concours est ouvert à partir du 15 août et sera clos le 1er décembre 1869. Toutes les compositions y sont admises, l'Ode, la Chanson, le Poème, etc. — Les petits Poèmes en prose seront également accueillis.

* *

Toutes les pièces, couronnées ou non, seront publiées et réunies en un beau volume, imprimé avec luxe.

* *

Un Comité composé de littérateurs de mérite, décernera les

prix. — Les poésies des membres du Comité seront placées hors concours. — Le volume paraîtra dans le courant de janvier 1870.

CONDITIONS DU CONCOURS

Envoyer franco avant le 1er décembre 1869, les manuscrits écrits très lisiblement. Joindre au manuscrit, en un mandat poste, ou en timbres-poste, une somme égale au nombre de lignes à insérer, multiplié par 10 centimes, titre, épigraphe, dédicace et signature compris. Souscrire pour un exemplaire au moins au volume qui portera ce titre : *FLEURS ET FRUITS*, et qui se vendra 2 francs 20 c. Joindre au mandat poste le prix du volume. Nulle limite n'est imposée aux concurrents, et toute latitude est laissée pour le choix du sujet.

PRIX

Premier prix : Une médaille d'argent avec le nom du lauréat et la date du Concours.

Deuxième prix : Une médaille d'argent petit module avec les mêmes mentions.

Troisième prix : Une médaille en bronze avec le nom du lauréat et la date du Concours.

Quatrième prix : Une médaille de bronze petit module avec les mêmes mentions.

Premier accessit : *Les Villageoises*, magnifique volume offert par l'auteur M. Arsène Thévenot, membre d'honneur des Concours.

Deuxième accessit : *Voici l'Hiver*, romance offerte par M. Évariste Carrance.

Quatre mentions très honorables.

Quatre mentions honorables.

Les littérateurs qui voudront encourager l'œuvre décentralisatrice et souscriront à cinq exemplaires du volume : *FLEURS ET FRUITS*, recevront le diplôme de membre d'honneur des Concours Poétiques de Bordeaux.

*
* *

MM. les Journalistes qui voudront bien reproduire ce programme recevront, en cadeau, un exemplaire du nouveau volume, et seront autorisés à publier dans leurs journaux les poésies capables d'amuser ou d'instruire leurs lecteurs.

*
* *

Toute lettre demandant une réponse devra être accompagnée d'un timbre-poste.

*
* *

Les manuscrits et tout ce qui concerne le Concours Poétique devront être adressés franco à M. Évariste Carrance, Président fondateur, 219, rue Malbec, à Bordeaux.

*
* *

EN VENTE :

Les Voix Poétiques, 1re série.	3 F.	50
Les Parfums de l'âme, 2me série.	2	50
Aigles et Colombes, 3me série.	2	20
Les Toqués.	1	»
Le Roman de Pâquerette..	1	»
Petit Manuel du Propriétaire de vignes.	»	50

TABLE

—

A. D***. — Le Rouge-Gorge, page 102.
Abeille-Castex. — Élégie, 37. — Ode, 120.
Andrevetan (Dr). — Notre-Dame d'Afrique, 73. — Les Usurpateurs du titre de Poète, 129.
Aubanel (Lucien). — Un Baptême au village, 84. — L'Aigle, 86.
Autran (Joseph). — Les Chiens, 56.
Beghin (A.). — Aux Enfants, 58.
Berlioz (Constant). — Le Petit Mousse, 65.
Bernet (M. du). — Épigramme sur le tombeau d'un chien favori, 99. — La Fille d'un proscrit de 1793, 172. — Acrostiche, 177. — L'Exilée, 193. — La Fleur du prisonnier, 207.
Bertaux (Albert). — L'Illusion c'est le bonheur, 43.
Berthout (Léon). — Désillusion, 55.
Blanchaud (Charles). — Aux Poètes de la Gironde, 14. — Le soir à la campagne, 15.
Blanvalet (Henri). — Fable, 190.
Brocherie (Léandre). — L'Enterrement d'un petit oiseau, 200.
Capitaine Issaurat. — Aux Célibataires, 90.
Carrance (Évariste). — Aigles, à vous l'espace, 7. — Aigles et Colombes, 9. — Les Femmes, 145. — L'Eau et le Vin, 151. — Appel aux Poètes, 224.
Carrance (Claire). — Mai, 223.
Chadoutaud fils (P.). — Un Soir d'été, 39.
Chavance (Adolphe). — Le Printemps et la Rose, 100.
Coat (Vincent). — Fanch ann treud pe ann ankou, 146-147.
Dayrem (Alphonse). — Le Punch, 81.
Deliée (Émile). — Ne pleurez pas, 98.
Desfossez (L.-Michel). — Les Deux voleurs, 51.
Dutour (Camille). — Aimez, 62. — Le Surnuméraire des Postes, 109.
Feraud (J.). — A Ma Sœur, 137. — Un vertige, 179. — Si tu voulais, 203.
Fiquenel (Jules). — Musette, 59. — Désespoir, 182.
Ginoux (Denis). — L'Aigle, 54. — Ce qui rend l'enfant agréable à Dieu et à la famille, 140. — Muses, réveillez-vous, 170.
Goddet (J.-Dominique). — Pensées, 190.
Godet (Louis). — Les Voix du Ciel, 90. — Le Fou, 117. — Le Corps et l'Ame, 191. — L'Avare, 206.
Gouésigou (Prosper-Marie). — L'Amant des Fleurs, 188. — Cazeaux, 188.

Gromnof (Johwamine de). — Le Cinq Mai 1821, 213.
Jobert (Narzale). — A l'Ange de la Poésie, 54.
Kehrig (H.). — Au Vin, 132.
Laloy. — Ode, 108. — Ode à la fanfare de Laferté-sur-Aube (Haute-Marne), 150. — Ode sur ma retraite d'instituteur primaire, 208. — Ode à mon petit oiseau, 220.
Lamb (L.). — A une feuille de rose trouvée le matin dans une toile d'araignée, sous ma croisée, 32. — Magdeleine, 114. — Une ombre, 176. — La Fauvette, 211.
Lambert (Eutrope). — Maria Mia, 50. — My Love, 99. — Tombe ouverte, 152.
Le Breton (Édouard). — L'Été, 77. — Fin d'Automne, 201.
Letur (Arthur). — L'Agriculture, 130. — La Fraternité littéraire, 206.
Lobel (A. de). — A Mon Frère, 170.
Marillier (Henri). — Le Mont Cenis, 19.
Milan-Quinet. — Ode à la Paix, 92.
Myrra-Arnaud. — Foi, 63.
Oppepin (Louis). — Les Messagers du Seigneur, 33.
Ourdan (J.). — A Léona, 88.
Petit-Senn (J.). — Chanson, 46. — Trois Verres de Bordeaux, 166.
Pichereau (L.). — Un Rêve de ma jeunesse, 195.
Pissot (Henri). — Deux Artistes, 103. — L'Espoir vainqueur, 174.
Philippe (Maxime). — Chanson, 61. — A M. Jules Prior, 139. — Le Désespoir d'un père, 164.
Portalupi (N.). — Alessandro I° Gonzaga, 218.
Postel (Charles). — Napoléon Ier, 78.
Potier (Edmond). — Stances à la richesse, 169.
Rivet (Gustave). — A une ombre, 83.
Robert (Ferdinand des). — La Muse à Alfred de Musset, 132.
Rozier (J.-B.). — La Sœur hospitalière, 26. — L'Hiver, 47. — Résolution, 105. — Le Mois de Mai, 111. — A mon ami Ferdinand Saulnier, 123. — Les Montagnes, 124. — A Joseph-André Rozier, 135. — A Joseph-André Rozier, 148. — Souvenir des Noces de mon cher ami X***, à Clermont, 153. — Mon Père, 167. — L'Amitié, 177. — Épître à M. Thomas, 183. — Nos Cyclopes, 194. — Un Saint martyr, 198. — Une Cerise, 204. — Stances, 210. — Toast, 222.
Sauzet (Jules). — Le Vent, 104. — Les Papillons, 219.
Thessalus (Félix). — L'Amour, 119.
Thévenot (Arsène). — Saint-Malo, 113. — A Mme Julie et à Mlle Julia L***, 151.
Vernou (Frédéric). — Stances sur la mort de Mlle Ida N***, 203.

VIENT DE PARAITRE

IMPRESSIONS ET PENSÉES, par J.-Dominique Goddet.
LARMES ET SOURIRES, par F. des Robert.
LES VOIX POÉTIQUES (poésies collectives), 1re série.
PARFUMS DE L'AME — — 2me série.
LIEDS D'AMOUR, par Alfred Gabrié.
L'ANNÉE RÉPUBLICAINE, par Louisa Sieffert.
LES DUNES (poème), par l'abbé A. Lacadée.
COUPS DE CRAYON D'UN ENFANT TERRIBLE, par A. Bertaux.
LE DERNIER AMI, par Th. Geslain.
BRISES DU SOIR, par Louis Oppepin.
A TRAVERS LE SIÈCLE, par Henri Bellot.
FEUILLES DE ROSE, par Eutrope Lambert.
L'ART DE VIVRE CENT ANS, par le Dr T. Desmartis.
LA FEMME ISRAÉLITE, par Simon Lévy.
RAYONS PERDUS, par Louisa Sieffert.
LES ARTS, LES LETTRES, LES SCIENCES, par V. Fleury.
LES PAUVRETTES, par L. Brocherie.
LE LAC D'ANNECY, par le Dr Andrevetan.
PETIT MANUEL DU PROPRIÉTAIRE DE VIGNES, par B. Laporte et E. Carrance.
LA FRANCE MÉRIDIONALE, par l'abbé Lacadée.
ÉPITRES AUX FEMMES D'EUROPE, par Robert Dutertre.
LES JOIES DU COLLÉGE, par G. Rivet (Hector l'Étraz).
LA NOUVELLE MALADIE DE LA VIGNE, par T. Desmartis.
LES ÉGLOGUES DE CALPURNIUS, par H. Bellot.
LES ÉTAPES DU CŒUR, par Eutrope Lambert.
LES TOQUÉS, par Évariste Carrance.
LETTRES D'UN JEUNE PROVENÇAL, par l'abbé Ginoux.
MÉLODIES PASTORALES, par Thalès Bernard.

www.ingramcontent.com/pod-product-compliance
Lightning Source LLC
Chambersburg PA
CBHW051909160426
43198CB00012B/1809